한국사에 숨겨진

장보고

박제가

정도전

세종

역사와
경제를
넘나드는
유쾌한
지식 수다

경제학자들

최태성 박정호 지음

최승로 광해 단군 문익점 허생 정약용

경제의 중요성이 대두되면서 경제학이나 경제 관련 지식에 대한 관심이 그 어느 때보다 높아졌습니다. 예전보다 더 많은 사람들이 경제 문제에 관심을 갖고 경제 현상을 이해하기 위한 기초 지식을 갖추기 위해 노력하는 모습은, 경제 전문가로서 무척 반가운 현상이지요. 하지만 이 과정에서 한 가지 늘 아쉬움이 있었습니다. 많은 분들이 여전히 경제학이나 경제 원리가 온전히 외국으로부터 수입된 개념으로 여긴다는 사실입니다. 다시 말해 경제학 자체를 '수입품'으로 생각하고 있다는 것이지요.

우리는 여기서 한 가지 질문을 던져볼 필요가 있습니다. '우리 선조들은 경제 현상을 설명할 수 있는 식견과 지혜가 전혀 없었을까?'라는 의문입니다.

최태성 선생님과 진행한 이번 프로젝트는 이러한 질문에서부터 시작되었습니다. 우리는 과거 우리 현인들의 삶과 행적 속에서 그들은 과연 어떠한 방식으로 경제 원리를 활용해 왔는지 살펴보기로 했습니다. 우리 두 사람이 이러한 프로젝트를 시작하기로 마음먹은 것은 우리 역사 속에서도 얼마든지 경제적인 사고가 투영된 슬기로움과 지혜를 찾을 수 있을 것이라는 확신 때문이었습니다.

결과는 놀라웠지요. 우리 역사의 시작인 단군신화부터 조선 후기 실학 정신까지 곳곳에서 우리 선조들의 높은 경제적 식견과 지혜를 찾을 수 있었습니다. 구체적으로 나열하자면 태초에 단군이 국가를 지배하기 위해 가장 우선적으로 제시한 통치 철학은 다름 아닌 경제 문제였습니다. 다산 정약용 선생은 애덤 스미스가《국부론》을 저술하여 경제학의 효시를 키웠던 바로 그 시기에, 지구 반대편에서 국가가 경제적으로 풍요로워지기 위해서는 무엇을 해야 하는지를 체계적으로 기술했습니다. 우리 역사에서 가장 빛나는 성군이자 업적으로 칭송받는 세종의 한글 창제 속에도 경제적인 이유가 숨어 있었지요. 박제가는 산업혁명 이후 경제 발달의 주요한 원리였던 표준화와 물류 시스템의 중요성을 일찌감치 이해하고 있었습니다. 목화씨를 하루 빨리 보급해 백성들의 삶을 보다 쾌적하게 만들기 위한 문익점 선생의 전략 속에도 경제 원리는 생생히 투영되어 있었고, 정도전이 조선을 개국하며 새로운 국가의 천년지계를 세울 때에도 경제가 국가의 안정을 유지하기 위한 선결 조건임을 분명히 인식하고 있었습니다.

이러한 사료 발굴 과정을 통해서 역사 속에 숨은 경제 원리를 찾을
수 있었고, 역사와 함께 경제의 기초 지식을 배울 수 있는 좋은 콘텐
츠가 탄생할 수 있겠다는 생각을 했습니다. 이 프로젝트를 진행하면
서 저희는 뜻하지 않은 커다란 보람을 찾을 수 있었습니다. 우리 역
사를 보다 풍성하고 새로운 시각으로 접근해볼 수 있었기 때문입니
다. 우리 역사를 다른 어떠한 역사보다 가치 있게 만드는 작업은 그
누구도 대신해 주지 않습니다. 우리 민족 스스로가 해야 할 일들이
지요. 우리 두 사람은 그간 좀처럼 시도된 바 없는 경제적 관점에서
우리 역사를 되짚어봄으로써 우리 역사 속에 숨은 또 하나의 가치를
찾을 수 있었습니다.

좀 더 큰 욕심이 있다면, 우리 두 사람의 노력이 더 많은 독자들에
게도 우리 역사와 경제를 보다 풍성하게 바라볼 수 있는 기회로 이
어지길 바랍니다.

세종시 연구원 사무실에서 박정호

'융합'

요즘 뉴스나 기사를 읽다보면 자주 접하는 단어입니다.

학교 현장도 융합 교육을 이야기하고 있습니다.

한국사와 경제의 콜라보(Collaboration).

사실 역사 쪽에는 경제 분야가 있습니다.

그리고 경제 쪽에는 경제사 분야가 있습니다.

교감의 고리가 있어 보이죠?

그럼에도 불구하고 '가까이 하기엔 너무 먼 당신'으로 지내왔지요.

그래서 저희가 한번 도전해 보았습니다.

전 사실 경제 이론 쪽으로 들어가면 완전 무지한 사람입니다. 그런데 이번 기회에 박 연구원님과 함께 역사와 경제를 접목시켜 보면서 경험한 것은 완전 '신세계'였습니다.

제가 알고 있는 역사의 현상을 분석해서 만든 것이 경제학이더군요. 경제학의 원리를 공부할 때는 정말 머리가 아팠는데 역사 현상 속에서 경제 이론을 연결하는 시도를 하니 놀라울 정도로 이해가 잘 되었습니다.

현장과 이론의 접목이라고 해야겠지요?

단순하게 접목하는 것으로 끝나지 않습니다. 그 과정에서 '사고의 확대'가 이루어지는 경험도 할 수 있었습니다. 또 다른 창조적 발상이 나오는 거죠. 상당히 고급스러운 경험이었습니다.

1+1=2 라는 단순한 접목이 아닌 1+1=∞(무한대).
이것이 바로 학문과 학문의 진정한 콜라보겠죠?

'현실은 21세기인데, 학생은 20세기이고 교사는 19세기다.'라는 자조 섞인 말을 요즘도 많이 듣습니다. 오로지 정답이 정해져 있는 문제를 잘 풀어서 좋은 점수를 얻는 것이 교육의 목표가 되어 버렸기 때문에 나타나는 현상일 것입니다.

과목과 과목의 경계를 허물어 버리고 마음대로 다른 영역을 넘나들면서 새로운 발상을 할 수 있도록 우리 사회와 교육 시스템은 바뀌어야 합니다.

그래야 우리에게도 스티브 잡스, 빌 게이츠 같은 인물들이 쏟아져 나올 것입니다.

그러한 변화의 방향에 저희가 작은 도전을 합니다.

아무쪼록 한국사와 경제학의 만남이 새로운 학문 영역의 지평으로 나아가길 바랍니다.

　KDI 박정호 연구원님은 해박한 지식을 통해 '융합'의 아이콘으로 우뚝 서고 계시더군요. 박정호 연구원님과 함께 할 수 있어 행운이었습니다. 이러한 장을 만들어 주신 연합인포맥스의 스태프 여러분들께 모두 감사하고, 그 결과물을 멋지게 만들어 주신 탐 출판사 관계자 분들께도 감사의 인사 올립니다.

　한국사와 경제학의 '융합'
　설레는 마음으로 만나보시죠.

분당 연구실에서 최태성

1
정약용,
국가의 부를
이야기하다

정약용이 살았던 시대와 그의 생애

1762	**영조38** 남인이자 하급관리였던 아버지 정재원의 넷째 아들로 태어남.
	사도세자가 뒤주에 갇혀 숨짐.
1776	풍산 홍씨 홍화보의 딸과 결혼. 영조가 사망하고 정조가 즉위함.
1777	**정조1** 성호 이익의 《성호사설》을 읽고 실학에 뜻을 둠.
1783	소과에 합격하여 진사가 됨. 처음으로 정조를 알현.
1784	정조에게 《중용》을 강론하여 인정을 받음.
1789	대과에 합격하여 벼슬길에 오름.
1790	나라에서 금지한 서학을 공부하였다는 이유로 귀양을 갔다가 곧 풀려남.
1792	홍문관 수찬이 되다.
1794	수원 화성을 쌓는 일을 연구하여 화성 설계안인 〈수원성제〉를 지어 올리다.
	경기도 암행어사가 되어 보름간 경기 북부 네 고을의 민정을 살피다.
1796	34개월 만에 수원 화성이 완공되다.
1797	황해도 곡산 도호부사가 되어 어진 정치를 펴다.
	천연두로 고생하는 백성을 위해 《마과회통》을 쓰다.
1800	정조가 승하하다. 고향 마현리에 돌아가 은거하기로 결심하고 당호를 '여유당'이라 함.
	순조가 즉위함.
1801	신유박해(천주교도를 박해한 사건)와 정약용의 조카 사위였던 황사영이
	신유박해의 실상과 대응 방안을 적어 청국에 보내려다 적발된
	황사영 백서 사건으로 셋째 형 정약종이 처형되고,
	둘째 형 정약전은 신지도로 유배됨. 정약용은 장기현으로 유배됨.
1808	다산에 있는 정자로 옮겨 '다산(茶山)'이라는 호를 쓰고 책을 저술하기 시작함.
1811	홍경래의 난이 발생하다.
1817	《경세유표》를 저술하다.
1818	《목민심서》 48권을 완성하다. 귀양에서 풀려나 17년 만에 고향으로 돌아옴.
1819	《흠흠신서》 30권을 완성하다.
1836	**헌종2** 75세로 생을 마감하다.

사람들은 경제학의 시초이자 경제학의 아버지로 '보이지 않는 손'을 주장한 애덤 스미스를 꼽습니다. 우리나라 역사에는 경제학의 시초를 세웠다고 할 만한 사람이 없었을까요? '한국사에 숨겨진 경제학자들'이라는 제목에 가장 먼저 손꼽을 수 있는 인물은 바로 정약용이 아닐까 합니다. 많은 분들이 '정약용' 하면 가장 먼저 거중기나 수원 화성을 먼저 떠올립니다. 정조와 정약용의 관계로 연결되는 게 익숙한 흐름이지요. 그런데 사실 **정약용이 남긴 큰 업적 중에 하나가 '토지 제도의 개혁'이었어요. '여전론'과 '정전론'이 핵심이지요.** 첫 시간인 오늘은 한국사의 대표적인 경제학자, 정약용 선생의 면모를 살펴보고, 비슷한 시기에 살았던 **애덤 스미스의 사상과 어떤 공통점과 차이점이 있는지 이야기해보겠습니다.**

최태성 자, 그럼 시작해볼까요. 우선은 정약용 선생님이 살았던 당시 사회상이 어땠는지부터 살펴봐야 할 것 같아요.

박정호 네, 맞습니다. 어느 학자의 이론이라는 건 그 사람이 살았던 시대적인 배경과 긴밀하게 연결되어 있으니까요. 정약용이 살았던 시절은 영조에서 정조, 순조, 헌종으로 이어지는 시기였지요?

최태성 네, 1762년에 태어나서 1836년에 서거하신 것으로 기록되어 있는데요. 이때는 조선의 국운이 슬슬 기울어져 가던 시기였어요. 임진왜란(1592)과 병자호란(1636)이라는 두 번의 전란이 지나간 뒤라 피폐해진 경제를 다시 한번 살려보려고 애쓴 시기였습니다. 그런데 영조와 정조 집권기는 흔히 잘 나가는 시기라고 알고 있는 경우가 많은데요. 양란 때 파괴된 것들이 수습되면서 안정된 것이지 사실은 슬슬 조선의 국운이 꺼지기 시작하는 직전의 시기였어요.

박정호 그래서인지 이 시기에 지식인들은 정서적인 혼란을 겪은 것 같습니다. 남쪽 오랑캐 왜에게 침략당하고, 그다음에 북쪽 오랑캐 청과의 전쟁에서 또 지고, 그동안 숭배해온 명나라는 망하고 오랑캐라고 여긴 청나라로 권력이 교체된 시기란 말이죠. 당시 조선의 지식인들은 성리학의 본국이었던 명나라가 사라지고, 오랑캐의 나라가 중원을 장악한 모습을 지켜보면서 그동안 자신들이 가지고 있던 성리학에 대한 믿음을 잃었습니다. 성리학으로는 더 이상 꺼져가는 국운의 불씨를 회복하기엔 어렵겠다고 생각한 것 같습니다.

최태성 맞습니다. 성리학으로는 더 이상 조선 사회를 해석할 수 없겠다고 인식했던 시기였어요. 이야, 무슨 역사를 저보다 더 많이 알고 계신걸요?

박정호 에이, 더 잘 아시면서 왜 그러세요. 제가 어떻게 설명하다 보니까 공자 앞에서 문자를 쓴 셈이 됐는데요. 당시 지식인들 중에서 제가 정약용을 주목한 건 그 시대에 열린 사고로 성리학의 주석을 다르게 해석하고, 당시 사회적 문제의 해법을 새로운 학문을 통해 제시하고자 한 거의 유일한 학자였기 때문이에요.

최태성 그러니까 성리학으로서는 해석할 수 없는 것에 대한 새로운 대안을 제시한 역량 있는 분이란 이야기시죠? 저는 조선 시대 전체를 놓고 봤을 때 1800년이 굉장히 중요한 시기가 아닐까 생각해요. 1800년은 바로 정조 임금이 돌아가신 해인데요.

박정호 네, 정약용은 누구보다도 정조의 총애를 받은 인물로 유명하죠.

최태성 정조는 죽기 전까지 왕권을 강화하고, 중앙에서 지방의 사족들을 통제할 수 있는 힘을 기르려고 굉장히 노력했어요. 그 대표적인 예가 향약이죠. 향약은 지방의 사족들이 농민을 통제하기 위해서 만든 약속이에요. 그런데 그 약속을 할 수 있는 권한을 정조가 거둬들여서 수령에게 줬습니다. 수령은 다른 말로 '사또'라고도 하죠. 이렇게 지방을 통제할 수 있는 권한을 왕의 오른팔이라고 할 수 있는 사람들에게 주면서, 중앙에서 관리할 수 있는 힘을 강화한 겁니다. 그런데 한편으론, 사족의 권한이었던 향약이 수령의 권한으로 넘어오게 되자 향촌 사회는 <u>수령과 사족 사이 관계</u>의 균형이 깨지게 돼요. 정조 때까지는 그것을 통제할 수 있었어요. 정조가 수령을 모두 관리했으니까요. 문제는 1800년에 정조가 죽는다는 겁니다. 정조가 죽으니까 관리가 안 되기 시작한 거죠. 그러면서 지방에 파견된 수령들이 부정부패에 빠져드는 환경이 조성되기 시작합니다. 그런 상황 속에서 정약용은 천주교를 믿은 신자라는 이유로, 남인들에게 박해받아 유배를 떠나게 되지요. 그 유배지에서 정약용의 역작들이 탄생했어요.

박정호 정약용은 누구보다도 청나라가 보유한 서양 문물들에 관심이 많았던 것 같아요. 정약용이 특별히 천주교에 관심을 가졌던 배경이 있었을까요?

최태성 맨 처음 천주교가 조선에 들어왔을 때에는 서학(西學)이라고 해서 종교가 아닌 학문이었어요. 성리학의 대안으로 서학에 관심을 둔 지식인들이 많았죠.

박정호 특히 정약용의 여러 저작들을 보면 정말 손을 안 댄 분야가 없을 정도예요. 아마 지적 호기심이 많고 수재였던 정약용에게 천주

여기서 잠깐! 조선 시대의 수령과 사족 사이 관계는?

조선 전기의 향촌 사회는 중앙에서 파견한 수령과 그 지방의 모든 것을 장악하고 있던 사족이 공존하는 사회였습니다. 사족은 수령을 보좌하는 동시에 견제하는 역할을 했지요. 그런데, 조선 후기로 넘어가면서 점차 지방 사족의 권위가 추락하게 됐고, 점차 그 둘 사이의 균형이 무너지게 됩니다. 정조가 집권했을 때에는 중앙 권력이 안정되어 있어 수령을 제어할 수 있었지만, 그가 죽고 나자 향촌은 수령을 제어할 힘을 상실하고 맙니다.

교는 학문으로서 그의 마음을 크게 두드렸을지 모르겠네요.

최태성 정답이라고 봅니다.

박정호 제가 알기론 정조가 서거하고 나니 정약용을 보호해주는 나무 같은 존재가 없어져 정약용이 유배를 가게 됐다고 하던데, 맞습니까?

최태성 네, 유배를 가죠. 이를 천주교도들을 박해한 사건이라 하여, 신유박해(辛酉迫害)라고 합니다. 이때 정약용은 유배지에서 백성들의 삶을 가까이에서 직접 보게 되었어요. 그러면서 '아, 내가 여기서 무엇을 해야 할 것인가' 고민하며 방향성을 잡아요. 당시엔 중앙에서 지방을 통제할 수 있는 힘이 떨어진 상태였죠. 정조가 죽은 이후에 나오는 정치가 바로 그 유명한 **'세도정치'**입니다. 풍양 조씨라든지 안동 김씨 같은 소수의 가문이 권력을 휘두르던 시기였어요. 지방 수령들의 가렴주구(苛斂誅求, 세금을 가혹하게 거둬들이고 무리하게 재물을 빼앗음)가 심했고, 돈을 주고 관직을 사는 매관매직이 성행했지요. 돈을 주고 관직을 샀으면 그다음엔 뭘 해야 할까요?

박정호 그 돈을 다시 회수해야겠죠. 하하

최태성 그렇죠. 돈으로 관직을 사게 되면서 백성들에 대한 수탈이 굉장히 심해졌어요. 정약용은 이러 현상들을 유배지에서 목격했던 거죠. 당시 세도정치 하에 있었던 경제적인 시스템의 문제점을 바로 '삼정(三政)의 문란'이라고 합니다. 이게 시험에 무지하게 잘 나와요. 19세기→세도정치→삼정의 문란. 이게 단골 메뉴거든요. 하하 삼정의 문란 중에 가장 심각했던 문제가 바로, '군정의 문란'이었습니다. 그 모습을 보고 정약용이 남긴 〈애절양〉이라는 시조가 있어요.

애절양

—정약용

갈밭 마을 젊은 여인은 울음도 서러워라

관아 문 향해 울부짖다 하늘보고 통곡하네

징발당한 사내 못 돌아옴은 일찍부터 있었건만

자고로 남절양(男絶陽, 남성의 생식기를 자르는 것)은 들어보지 못했다네.

시아버지 죽어서 이미 상복 입었고

갓난아인 배냇물도 떼지 못했건만

삼대(三代)의 이름이 군적에 올랐구나

달려가 호소하려 해도 관가의 문지기 호랑이 같은데

이정(里正)이 호통하며 소마저 끌고 가네

남편 문득 칼을 갈아 방안으로 뛰어드니 자리에 선혈이 낭자한데

스스로 한탄하길 "아이 낳은 죄로구나."

잠실 음형(淫刑, 생식기를 자르는 형벌)도 지나친 형벌이고,

민땅의 거세풍속도 애처로운데

자식 낳고 사는 것은 하늘의 이치여서

건도(乾道, 하늘)는 아들 낳고 곤도(坤道, 땅)는 딸 낳는다

말 돼지 거세함도 오히려 가여운데

하물며 후손 이루려는 사람에게 있어서랴

권세가들은 평생 동안 풍악이나 즐기면서

쌀 한 톨, 베 한 치도 바치지 않는구나

모두 같은 나라의 백성이건만 어찌 후박이 이리 고르지 못한가

내 시름겨워 객창에 홀로 앉아

시구편(백성에 대한 차별대우를 풍자한 《시경》의 편명)을 읊노라

최태성 이런 시조인데요. 옛날에는 군대를 가지 않고 포를 내고 빠질 수 있었는데, 그 포를 내는 나이가 16세부터 60세까지란 말이죠. 그런데 여기 보면 알겠지만, 시아버지가 죽었어요. 죽은 사람은 포를 안 내도 되잖아요? 갓난아기도 포를 낼 이유가 없죠. 그런데도 사망한 시아버지, 그리고 갓 태어난 아기에게도 남자라는 이유 하나만으로 계속 포를 물리는 거예요. 여기 나오는 이 남자가 너무 속상하니까 어떻게 한 거냐면, 애절양. 자신의 남성성을 끊어버린 것입니다.

여기서 잠깐!

삼정(三政)의 문란이란?

삼정의 문란은 '전정'의 문란, '군정'의 문란, '환곡'의 문란을 가리킵니다. 전정은 농사를 짓는 땅에 매기는 토지세 수취 관련 제도를 말하고, 군정은 군역을 지지 않는 16세부터 60세까지의 남성들이 내는 군포 수취 제도를 말합니다. 환곡은 춘궁기에 먹을 것이 없는 백성들을 구제하기 위해 관에서 곡식을 빌려주었다가 가을에 되받는 취지의 제도였지만, 세도정치 때에는 각종 고리대금의 온상이 되었습니다.

박정호 아, 애절양이 그런 뜻이군요.

최태성 얼마나 가렴주구가 심했는지 알 수 있죠. 그 모습을 보면서 정약용은 너무 가슴 아팠던 거예요. 그의 역작들이 탄생할 수 있었던 배경이죠.

박정호 선생님 말씀을 듣고 보니 정약용이 왜 그런 남다른 사고를 할 수 있었는지 알 것 같아요. 정리해보면 당시는 성리학에 대한 모든 오랜 믿음이 쇠퇴했고, 두 번의 전란이 완벽하게 수습되지 않아 중앙 집권의 통제력이 상실됐고, 그러면서 민간이 피폐해진 상황을 때마침 정약용이 유배지에서 목격하게 된 거네요.

최태성 네, 그런 모습들을 보며 정약용 선생님이 책을 좌악 써내려가신 겁니다.

정약용의
저서를 파헤쳐라!

박정호 정약용이 남긴 책들을 보면 이분의 학문을 두 가지로 나눠볼 수 있겠더군요. 하나는 유교 경전인 경학(經學)이고, 또 하나는 경세학(經世學)이에요. 경학은 유교 경전에 해석을 다는 학문이지요. 경전은 이미 해놓은 해석들이 많았을 텐데 왜 정약용은 그 해석을 다시 달려고 했을까요? 왜 그랬을까 생각을 해봤더니, 아까 말씀드린 것처럼 성리학을 그동안에 해석해왔던 방식으로는 지금의 상황을 해결할 수 없었던 거예요. 그래서 '이젠 남다르게 해석해

봐야 되지 않겠느냐' 하는 심리가 아니었을까 생각합니다. 또 한 가지는 그런 경전 해석을 바탕으로 실사구시(實事求是, 사실에 토대를 두어 진리를 탐구하는 일)의 학문이라고 할 수 있는 경세학적 관점에서 자신의 남다른 주장을 피력하고자 했던 것 같아요. 그렇게 써내려 간《경세유표》는 정약용의 국가 건설을 위한 개혁 방안이 담긴 역작이지요.

최태성 경세학은 경제학과 어떻게 다른가요?

박정호 경세학과 경제학이 말이 비슷해서 좀 헷갈리실 수 있는데요. 잠깐 설명을 드리자면, 경제학은 사회의 개별적인 경제 주체들이 소비, 투자, 생산을 하는 데 있어서 이것들을 어떻게 잘 해석할 수 있는지에 관해 이론을 정립한 학문입니다.

최태성 아, 갑자기 어려워지네요. 하하

박정호 경세학에서 '세(世)'는 '세상'할 때의 그 '세'자잖아요. 경세학은 한마디로 세상을 어떻게 통치하느냐에 관한 학문이에요. 일종의 정책학에 가까울 수 있겠네요. 그래서 정약용은 비록 유배지에 있긴 있지만 예전에 벼슬을 했던 사람으로서, '아, 내가 나름대로 국가의 녹을 먹었던 사람으로서 이 피폐한 농민들의 삶에 남다른 해법과 식견을 제시하고 싶다.'라는 열망이 있었던 것 같아요. 그래서 정약용의 3대 명저인《경세유표》,《목민심서》,《흠흠신서》를 내놓았던 게 아닌가 싶어요. 하나의 표(表)와 두 개의 서(書)라고 해서 이 세 권을 **'일표이서(一表二書)'**라고 부르기도 합니다.

최태성 정약용이 자신의 경세학을 집대성한 책의 배경지식은, 그야말로 민초들의 삶을 바로 옆에서 보고 얻은 것들이었네요.

박정호 정약용의 삶을 살펴보면 30대까지는 관직을 살다가 40대가 되면 유배 생활을 하면서 책을 썼어요. 유배 생활하면서 나온 저서 중에 하나가 이 《목민심서》죠. 목민심서(牧民心書)에서의 '목'은 '목자(牧者)'할 때의 그 '목(牧)'자잖아요? 백성을 성숙하게 하는 마음을 담은 책이란 의미인데, 백성을 직접 다스리는 주체는 수령이에요. 수령이 부임해서 그만둘 때까지 어떠한 일을 해야 하는가에 대해 이 책에 자세히 적어 놓았죠. 요즘 말로는 정부 관료를 위한 '행정 가이드라인' 정도로 표현할 수 있을 것 같아요. 관료로서 어떻게 행동하고, 행정력을 발휘해야하는지에 관해 적어놓았다고 보면 됩니다.

최태성 《목민심서》에는 상당히 정치적인 내용들이 많아요. 예를 들어, 부임6조를 보면 관직에 부임하면서 지켜야 할 사항이 적혀 있고, 율기6조에는 목민관이 지녀야 할 태도가, 봉공6조에는 일을 처리할 때 지켜야 할 사항이, 애민6조에는 백성을 사랑하고 돌보는 데 필요한 자세가 적혀 있죠. 이런 것들이 나와 있는데 그중 재밌는 내용을 하나 소개할게요.

수령이 부임할 때, 말을 타고 가잖아요? 뒤에 따라오는 시종들이 있겠죠. 굉장히 구불구불한 절벽 길을 갈 땐 수령이 어떤 자세를 취해야 하는지까지도 자세히 나와 있어요. 어떻게 적혀 있냐면, '절대 뒤를 돌아보지 마라.'라고 적혀 있죠. 왜 뒤를 돌아보지 말라고 했을까요? 뒤를 돌아보면 뒤에서 말을 타고 따라오던 시종들이 모두 말에서 내려야 해요. 시종은 내려서 엎드린 다음에 주인의 명을 받아야 했거든요. 그 구불구불한 절벽 길을 가야 하는데 내려서 명을 받으려면 위험하기도 하고, 굉장히 시간이 낭비됐겠죠? 그래서 여기서 뭐라고 적었냐면, '뒤를 돌아보지 말고 쭉 가라.'라고 했어요. 이 정도로 자세한 내용이 들어가 있다는 게 정말 놀랍죠.

박정호 네, 맞습니다. 이《목민심서》뿐만 아니라《경세유표》에도 당시에 아주 세세하게, 조선의 관료로서 어떠한 행위를 해야 하는지에 대한 세부적인 내용이 담겨 있어요. 또 이분이 얼마나 열린 사고를 했던 분이었냐면, 유배지에서 썼던 다방면의 책이 다 합쳐서 몇 권인지 아십니까?

최태성 500권 정도 된다고 들었어요.

박정호 맞습니다. 한 사람이 어떻게 500권의 책을 썼는지, 이해가 잘 안 돼요. 그런데 그게 모두 다른 내용이잖아요? 그러면서 저마다의 통찰도 담겨 있는데 말이죠. 하도 신기해서 저술 활동을 어떻게 했나 찾아봤더니, 역시 혼자 연구한 것은 아니셨고 유배지에서 열 명에서 스무 명 남짓 되는 제자들과 같이 자료를 조사하고, 토론했던 흔적이 남아있더군요. 그런데 이분이 정말 열린 분이셨던 게 제자들 중에서 우리가 정약용 하면 당연히, 우리가 나중에 실학자라고 부르긴 하지만 유교가 학문의 기본 바탕인 선비셨고, '숭유억불(崇儒抑佛, 유교를 숭상하고 불교를 억압함)' 사상이 지배하는 사회에 사신 분이란 말이죠. 그런데 제자 중에 승려가 두 명이나 있더군요.

최태성 승려도 끼워줬군요!

박정호 심지어 직접 불사에 참여하신 적도 있어요.

최태성 성리학 사회에서 유배당할 만하네. 하하

박정호 그래서 이분은 어떻게 보면 세상을 바라보는 관점이 통치자의 입장이 아니라 역지사지(易地思之)라고 할까요? 백성 입장에서도 생각해보고, 천주사학 입장에서도 생각해보고, 불교 입장에서도 생각한 거죠. 그러한 열린 사고를 하신 분이었기에 이러한 역작들이 나올 수 있지 않았나 싶어요.

최태성 네, 정말 만물박사세요. 정약용은 중세 시대의 레오나르도 다빈치 같은 인물이 아니었나 싶습니다.《목민심서》가 수령의 모범적인 모습에 관해 쓴 책이라면,《흠흠신서》는 어떻게 공정하게 벌을 내릴 것인가를 위한 형벌이나 법률과 관련된 내용을 쓴 책이에요.《목민심서》와《흠흠신서》가 미시적인 관점이라면《경세유표》는 보다 거시적인 관점에서 쓴 책이라고 할 수 있는데, 그 내용이 엄청 방대하죠. 그뿐만 아니라 관직 체계의 전면적인 개편이나 신분과 지역에 따른 차별을 배제한 인재 등용, 자원에 대한 국가 관리, 토지 제도 개혁, 조세제도 합리화, 지방행정 조직 개편 등 굉장히 많습니다. 그러면서 기술 발달과 상공업 진흥을 통한 부국강병도 강조하고 있어요. 정치, 경제, 사회, 신분제까지 과연 우리 조선 사회가 무너지지 않으려면 어떻게 나아가야 할 지 구체적인 개혁 방향을 담고 있습니다.

여전론에서
정전론으로

최태성 정약용의 토지 제도도 짚고 넘어가야죠. 1800년이 정조가 죽은 해인데, 1년 전인 1799년에 정약용이 쓴 책 중에 《전론》이라는 게 있어요. 바로 이 책에서 **'여전론(閭田論)'**을 들고 나왔죠. 여전론의 내용을 한마디로 축약하자면 '개인의 소유지를 부정한다.'란 말이에요. 즉, 국가가 소유하고 공동으로 경작한 다음에 노동량에 따라 공동으로 이익을 분배하자는 거예요. 굉장히 획기적이지 않나요?

박정호 획기적이지요. 그런데 경제학에선 가장 큰 근원적인 힘의 원리가 개인에게 있다고 봐요. 애덤 스미스가 말한 '보이지 않는 손'이 이를 상징하죠. 개인이 자신의 이익을 극대화시키기 위해서 마음대로 행동하면 그 결과로 사회 전체가 풍요로워질 수 있다는 근원적인 믿음이 여기서 출발한 것입니다. 정약용이 《전론》에서 펼치는 주장이 개인의 경제적인 인센티브를 부정하고, 가장 근원적인 개인의 창의력과 경제적 메커니즘에 의한 의사결정을 부정한 것이기 때문에, 경제학서가 아니라고 비판하는 사람들도 있지요.

최태성 정약용이 여전론을 통해서 당시로선 상상할 수 없는 파격적인 제안을 내놨단 말이죠. 근데 그때가 1799년이란 말이에요. 그래도 아마 제가 볼 때는 정조란 거목이 정약용 뒤에 있으니까 뭔가 한번 해볼 수 있는 자신감이 있었을 것 같은데, 20년 뒤에 유배를 간 뒤에는 《경세유표》가 나와요. 이때쯤에는 '여전론'에서 후퇴하는 모습을 보입니다. 《경세유표》에선 **'정전론(井田論)'**이 나오는데, 여기선 개인의 토지 소유를 인정합니다. 현실적으로 여전론이 실현 불가능하겠다 싶어서 점진적인 토지 개혁을 주장하게 되죠. 재밌는 건 뭐냐면 《경세유표》가 완성작이 아닌데 토지 개혁에 관한 연구를 딱 접었다는 거예요. 그러고 나선 《목민심서》에 집중하죠. 그 이유 중에 하나가 주위에서 벌어지는 일들이 너무 심각한 거예요. 탐관오리가 백성의 고혈을 빼가는 모습에 도저히 안 되겠다 싶었는지 《경세유표》를 접고 《목민심서》에 집중하는 모습을 보입니다.

박정호 네, 그 부분이 저 같은 경제학자들에겐 좀 아쉽습니다. 어떻게 보면 한국 최초의 경제학 원론이란 표현이 적합한지는 모르겠습니다만, 경제 고전으로 《경세유표》를 꼽을 수 있는 요소들이 많거든요. 물론 개인의 경제적 의사결정보다 국가의 중앙집권적인 의사결정을 중시해서 경제학의 기본 원리와는 상반되는 한계는 있지만, 탐관오리의 전횡 등으로 경제 원리가 제대로 작동하지 못하는 상황에서는 어쩔 수 없었겠단 생각도 듭니다. 그리고 정약용은 이전의 성리학 학자들과는 전혀 다른 방식으로 '행동'에 관한 강령을 내리셨어요. 의(義)와 리(利), 이 둘을 해석하는 데 있어서 '올바르면서 이익을 추구할 수 있는 행동을 하는 게 가장 올바른 것'이라고 말씀하셨죠.

최태성 올바르게 행동하면서 어떻게 이익을 챙기나요?

박정호 바로 그 얘기예요. 게다가 유교 사회였던 당시에는 개인이 이익을 추구하는 행위 자체가 지양되었어요.

최태성 사농공상(士農工商, 선비·농부·공인·상인 순의 계급을 이름)이란 말이 그걸 알려주죠. 양민 계급 중에서도 가장 아래에 있는 게 상인 계층이거든요. 왜냐면 그들은 이익을 추구하니까요.

박정호 극기나 절제 같은 게 당시의 최대 덕목이었죠. 그런데 정약용 선생은 그런 성리학적 가르침과는 완전히 다른 이야기를 한 겁니다. 의로우면서 이익을 추구하는 걸 가장 높이 쳤고요, 그다음으로는 의롭지만 어쩔 수 없이 이익을 추구하지 못하는 상황을 두 번째로 쳤고요, 세 번째는 의롭지 않으면서 이익을 추구하는 게 그나마 낫다고 생각한 거예요. 의롭지는 않지만 조금의 이익이라도 건지면 괜찮다고 이야기한 분이 바로 정약용입니다. 이분이 《경세유표》를 끝까지 완성하셨다면 개인의 의사결정을 중시하는 내용이 담기지 않았을까 생각이 드는데, 현실에 탐관오리가 너무 많다 보니까 개인의 이익을 추구하는 내용을 쓰지 않은 측면이 있다고 봐요.

최태성 그런데 우리가 헷갈리지 말아야 할 게 뭐냐면, 한국사 교과서에서는 정약용을, 실학의 양대 산맥인 중상학파와 중농학파 중에 후자로 분류한단 말이죠. 사실 정약용이 당시 독점적으로 물건을 맡아서 판 도매상인 도고(都庫) 등에 대해선 부정적으로 봤으니까요.

박정호 그렇습니다. 그래서 상업 같은 것들을 민간에 맡기지 않으려고 했던 거예요. 독과점이 생기면 시장 기능이 제대로 작동하지 못하니까요. 그래서 정부가 철저히 관리해야 한다고 생각하셨죠.

애덤 스미스 vs 정약용
비슷한 듯 다른 두 사람의 경제 논리

박정호 이제부터는 서로 비슷한 시기에 살았던 정약용과 애덤 스미스를 한번 비교해볼까요? 두 분이 고민했던 배경을 살펴보면 한 분은 영국이었고 한 분은 조선이었잖아요?

최태성 다르잖아요? 하하

박정호 그런데 정말 비슷한 점이 많아요. 당시에 애덤 스미스가 《국부론》이란 책을 썼기 때문에 경제학의 아버지라고 불리는데, 그런데 《국부론》이 뭡니까. 국가의 부에 대해 논하는 책이잖아요. 이분은 뭘 알아보고 싶었냐면, 국가의 부가 어떻게 창출되는지, 부를 어떻게 하면 더 잘 창출할 수 있는지를 고민하기 시작했습니다. 이분이 이걸 고민하게 된 근본적인 이유가 있어요. 우리가 영국을 '대영제국'이라고 부르지 않습니까? 당시 영국은 해가 지지 않는 제국, 그 시초를 열고 있는 나라였다고 보시면 됩니다. 중세까지만 해도 유럽의 변방 국가였던 영국이 여러 가지 봉건 제도가 사라지면서 국가의 부가 차곡차곡 쌓여가는 시점을 맞았던 거죠. 식민지뿐만 아니라 내부적으로도 상거래가 활발해졌고요.

그래서 애덤 스미스는 이 시점에 그렇다면 영국의 부에 대해 한번 고민해봐야 하지 않겠느냐 생각하게 됐고요. 봉건 사회에 영주의 지배를 받은 것과 달리, 근대엔 자유 시민들이 생겨납니다. 이 시민들의 경제 행위에 대해 설명하고픈 욕구가 있었나 봐요. 그런 과정에서 애덤 스미스는 《국부론》이라는 경제학의 효시를 여는 책을 썼던 거고요. 반대로 정약용은 조선의 국운이 흔들리는 모습을 보았던 겁니다.

최태성 다르네요. 애덤 스미스는 올라가는 시점이고……,

박정호 정약용은 내려가는 시점인 거죠. 그런데 내려갈 때 이걸 어떻게 회복시킬 것인가에 대한 실마리를 찾고자 고민하기 시작한 겁니다. 이 두 분은 시기도 좀 비슷해요. 정약용이 애덤 스미스보다 40년 정도 먼저 탄생하신 걸로 알고 있는데요. 거의 동시대적 인물이지만 국가적 처지는 서로 반대였던 상황에서, 두 사람 모두 경제적 관점으로 사회를 바라봤다고 볼 수 있어요.

최태성 국운이 올라가는 시점에서의 애덤 스미스, 내려가는 시점에서의 정약용이라면, 그 관점이 어떻게 달랐을까요?

박정호 재밌는 게, 한 사람은 '어떻게 우리가 부자 나라가 된 거야?' 또는 '어떻게 하면 지금보다 더 잘살 수 있는 거야?' 생각한 거고, 한 사람은 꺼져가는 국운을 어떻게든 되살릴 수 있는지를 생각해 본 거잖아요? 그런데 이 두 분의 해법이 거의 같습니다. 부국을 위한 첫 번째 방법은 바로 **'분업'**이었어요. 분업을 통해서 효율성을 극단적으로 올릴 수 있다는 사실에 두 분 다 확신을 갖게 됩니다. 애덤 스미스 《국부론》을 보면 유명한 비유가 나와요. '핀(pin) 공장'에서 핀을 만들 때 한 사람이 핀을 펴고, 심을 박고 모든 작업을 도맡아 하는 것보다 어떤 사람은 핀을 펴는 역할만 하고, 어떤 사람은 거기에 심을 박는 역할만 하는 것이 훨씬 생산성이 높아진다고 이야기하죠. 직업 간의 분업이 국가의 부를 효율적으로 높일 수 있는 유효한 수단이라고 주장합니다.

최태성 핀 공장 비유가 참 재미있는데요.《목민심서》의 '권농조'를 보면요, 농민들을 비슷하게 나눠요. 일반농, 과수농, 삼포농, 방직농, 살림식재농 이렇게 나누거든요. 핀 공장과……,

박정호 거의 똑같은 거라고 보시면 돼요.

최태성 다만 차이점은 좀 있네요. 애덤 스미스는 공장에서의 분업을 본 거고 정약용은 농사에서의 분업을 이야기한 거네요.

박정호 만약 애덤 스미스가 농사를 예로 들어 설명했다면, 비슷하지 않았을까요? 왜냐면 혼자 땔감을 구했다가 과일도 키웠다가 벼농사도 했던 사람이 '넌 과일을 맡아, 내가 벼농사할게.' 이렇게 되지 않았을까 싶어요.

최태성 마찬가지로, 정약용도 분업을 하면 생산성을 올릴 수 있다고 봤다는 거죠. 차이점은 없을까요?

박정호 차이점도 있죠. 애덤 스미스는 이런 과정에서 제일 중요한, 경제적 의사결정을 누가 해야 하는데? 주어가 누군데? 라는 부분에서 개인이 해야 한다, 당사자가 해야 한다 이렇게 생각한 사람이에요. 정약용은 국가가 해야 한다고 주장했다고 선생님도 앞서 말씀해주셨잖아요. 이것이《경세유표》를 마무리 짓지 않고《목민심서》나《흠흠신서》로 간 이유이기도 합니다.

애덤 스미스가 당시 영국 상황을 봤더니, 옛날 봉건 영주가 통제하면서 밑에 있는 소작농에게 이거 해라 저거 해라 했을 때보다 농민이 자유시민이 되어서 스스로 의사결정으로 했더니 생산성이 확 올라가는 거예요. 그걸 보더니, '그렇지! 얼마를 더 벌어야 하고 무엇을 생산해야 하고 무엇을 소비해야 할지, 어떻게 투자해야 할지는 당사자인 개인이 가장 잘 아는 거지. 그러니까 이렇게 각자가 자신의 입장에서 자신의 이익을 위해서 의사결정을 자유롭게 하면 국가도 부유해지는구나!'라는 쪽으로 간 거고요.

정약용이 조선 시대를 봤을 때는 유배지에 와서 주변을 봤더니 탐관오리의 전횡이 장난이 아니거든요. 상황이 이러한데 각각 지방에서 알아서 하고, 개인이 알아서 해라? 불가능하죠. 어떻게 보면 이분은 대표적인 시장 실패를 목격한 분이 아닌가 생각됩니다. 경제학에서도 일반적으로 이런 시장 실패 상황에서는 정부가 어쩔 수 없이 개입해야 한다고 말하거든요. 이분은 그런 측면에서 조선의 해법을 내놓은 거고요. 생산성을 향상해야 한다는 데에는 두 분 모두 공감했지만 경제학을 논의하는 주어로서 정약용은 국가, 애덤 스미스는 개인이라고 봤다는 점에서는 차이가 있다는 생각이 듭니다.

여기서 잠깐!

시장 실패란?

경쟁을 저해하는 요인들로 인해 시장이 스스로의 힘으로 자원을 최적 배분할 수 없는 상태를 '시장 실패'라고 합니다. 시장 실패의 원인으로는 독과점 외에 정보의 비대칭성, 외부 효과, 공공재의 존재 등이 있습니다. 시장 실패에 대해선 지금 당장 이해가 잘 안 되더라도 앞으로 차차 설명되니 걱정 마세요!

최태성 제가 다시 정리를 해 볼게요. 애덤 스미스와 정약용의 공통점은 '생산성 향상'에 주안점을 두고, 그 방법에선 '분업'을 강조했는데, 주어가 누구냐면 애덤 스미스는 '개인'에게 맡기라고 한 반면, 정약용은 '국가'의 통제 하에서 개인들의 활동을 장려하라고 주장했다고 본 것이죠?

박정호 네, 맞습니다. 사실 당대에는 애덤 스미스를 경제학자라고 아무도 부르지 않았어요. 경제학이 당시엔 없었으니까요. 이분은 원래 도덕 철학자입니다. 그런데 이분이 이전과 전혀 다른 식으로 사회를 해석하고 설명했거든요. 후대에 와서야 사람들이 애덤 스미스를 '경제학의 효시', '경제학의 아버지'라고 명명한 거고요. 정약용 역시 본인이 실학자라고 스스로 한 번도 말한 적이 없어요. 후대 사람들이 '정약용은 이전의 성리학자들과 달리 실사구시, 경세학에도 굉장히 관심이 많았구나.'라고 평가한 것이거든요. 두 사람은 당시 삶의 해법을 경제학에서 찾았고, 그것에 대해 후대가 훈장을 줬다는 점에서 공통점이 있다는 생각도 듭니다.

최태성 오늘은 한국사에 숨겨진 경제학자들 첫 번째 시간이었는데요. 시간이 정말 금방 갔어요. 한국사를 가르치는 교사의 입장으로서 경제적 관점도 정리하다 보니까, 재미있으면서도 새로운 걸 배울 수 있던 것 같아요. 그래서 얼마든지 역사 속에서도 경제학과 관련된 관념을 갖고 활동하신 분들이 많이 있구나, 역사를 경제적 측면에서도 바라볼 필요가 있겠구나 생각했습니다.

박정호 제가 마지막으로 한 말씀 더 드리면, 2009년에 엘리너 오스트

롬(Elinor Ostrom, 1933~2012) 교수가 '공유지의 비극'이라는 이론으로 노벨 경제학상을 받았어요. '공유지는 주인 없는 땅이니까 너도 나도 사용할 것이기 때문에 황폐해질 것이다.'와 같은 문제에 대한 해법을 경제학 이론으로 도출하셨지요. 스위스의 목장 주인들이 목초지를 어떻게 잘 관리하는지, 어업에 종사하는 주민들이 어장을 어떻게 관리하는지, 터키, 일본, 스위스 등에서 살았던 부족민들의 삶을 보고 해답을 찾아냈다고 하거든요. 우리 선조들의 삶에서도 이런 혜안을 얻을 게 너무나 많습니다.

최태성   정약용의 정전제가 그런 공유지를 주장한 것 아닌가요? 노벨 경제학상도 받을 수 있었는데 하하 아쉽다. 시대가 영웅을 놓친 건 아닌가 하는 생각이 들어요.

박정호   그래서 저는 이번 기회에 우리 역사 속에 숨어 있는 경제 원리를 배우고 이야기하다보면, 누군가 2030년 정도엔 우리나라에서도 노벨 경제학상을 받는 분이 나오지 않을까 하하 이런 생각을 해보게 됩니다.

최태성   첫 시간이었는데 벌써부터 앞으로 어떤 이야기가 나올지 무척 흥미진진하네요. 그럼 다음 시간에 또 뵙기로 하겠습니다.

박정호   감사합니다.

2
박제가,
소비의 우물을
발견하다

박제가가 살았던 시대와 그의 생애

1750 | **영조26** 우부승지를 지낸 박평(朴坪)의 서자로 태어남.

18~19세 무렵부터 박지원을 스승으로 따르며

이덕무, 유득공 등 북학파와 가까이 살면서 교류함.

1778 | **정조2년** 29세 때 청나라에 사은사로 파견된 채제공을 따라 연경에 가서

건륭 시대 청조 문물을 접하고, 청나라 학자들과 교류함.

청나라에서 돌아와 《북학의》를 1차 완성하고,

이후 수년간 내용을 보완하여 내편과 외편의 체계를 갖춘 형태로 발전시킴.

1779 | 정조의 서얼허통(庶孽許通, 서얼들에게 과거에 응시하도록 허락함)

정책에 따라 규장각 검서관이 되었고, 정약용 등과 깊이 사귐.

1786 | 37세 때 정조에게 올리는 상소문에서

신분 차별 철폐와 상공업 장려를 통한 부강한 국가를 건설을 주장하고,

국민 생활을 향상하기 위해 보다 적극적으로 청나라 문물을

받아들일 것을 청원함.

1790 | 41세 때 황인점을 따라 두 번째 연행길에 오름.

1794 | 춘당대무과에 장원으로 급제함.

1798 | 왕명을 받들어 《북학의》를 간추린 '응지농정소'를 올림.

1801 | 흉서(凶書)사건의 주모자인 윤가기와 사돈이라는 이유로 유배당함.

1805 | 56세의 나이로 세상을 떠남.

박지원과 박제가는 북학파의 양대 산맥으로 손꼽힙니다. 박제가 역시 박지원과 마찬가지로, 청나라에 갔다가 돌아온 지 3개월 만에 《북학의》라는 책의 초고를 완성했을 정도로, '청을 배우자'는 북학에 대한 생각을 세상에 널리 알리고 싶어 했죠. 그는 전 시간에 살펴본 정약용과는 다르게, 상공업을 중시한 '중상주의 학파'에 속한 인물이었습니다. 경제적 관점에서 우리가 주목해야 할 점은 바로 박제가가 '소비'와 '물류'를 중시했다는 것입니다. 보수적인 성리학 사회에서 저축이 아닌 소비를, 북벌이 아닌 북학을 주장한 박제가의 이론을 살펴보면서 이것이 어떻게 당시 조선 사회의 경제 발전을 이끌었는지 이야기해봅시다.

박정호 박제가, 대체 어떤 인물인가요?

최태성 박제가가 걸출한 조선 후기 경제 하면 딱 떠오르는 인물인데요. 그의 출발이 굉장한 명문가 집안의 적자(嫡子, 정실이 낳은 아들)는 아니었어요.

박정호 네, 서자(庶子, 양반과 양민 여성 사이에서 낳은 아들)라고 들었습니다.

최태성 맞습니다. 서자 출신이에요. 아버지를 아버지라 부르지 못하고, 형을 형이라 부르지 못하는 홍길동과 같은 계층이었지요. 조선 시대에 서자라고 하면 고위 관직에 오를 수가 없었어요. 문과 응시가 아예 안 됐거든요. 그런데 정조 시기가 되면 이 규제가 조금씩 풀리지요. 그러면서 박제가가 규장각 검사관 자리에 올라요. 규장각 검사관이 무슨 일을 하는지 아세요?

박정호 규장각에서 글을 쓰는 일을 하지 않나요?

최태성 규장각이 조선의 왕실 도서관이잖아요. 세종 때에는 집현전이, 성종 때는 홍문관이 그 역할을 했어요. 규장각 검사관은 말 그대로 규장각의 여러 관리들을 도와주면서 책도 검사해주고 필사도 해주는 비정규직이었어요. 박제가 청나라에 다녀오면서 청의 문물을 수용하자는 주장을 펼치는데, 그런 주장을 당시 집권자들은 좋아하지 않았지요.

박정호 그랬겠죠. 청나라는 오랑캐 나라로 통했으니까요.

최태성 병자호란 때 조선이 삼전도의 굴욕이라는 치욕적인 항복을 했잖아요. 그 이후로 청나라는 오랑캐 나라였고, 그 뒤에 북벌(北伐, 북을 벌하자는 주장)도 나오고 했으니까 시대 분위기가 청나라의 문물

삼전도의 굴욕이란?

병자호란으로 청나라 군대가 한양에 침입해 오자 1637년 1월 30일 조선의 인조는 남한산성으로 피신하여 대항했습니다. 하지만 청의 공격을 이기지 못하고 끝내 패배하여 청나라와 굴욕적인 강화를 맺은 사건을 말합니다. 신하 최명길이 항복 문서를 써서 청에 바치고, 인조는 청 태종에게 세 번 절하고, 아홉 번 머리를 조아리는 항복 의식(일명 상배구고두례)을 행했습니다. 현재 서울특별시 송파구 삼전동에는 청나라 태종의 요구에 따라 강제로 세운 '삼전도비'가 있습니다.

을 받아들이자는 건 굉장히 튀는 모습으로 보일 수밖에 없었던 거예요.

박정호 나중에 이 사건으로 귀양을 가나요?

최태성 귀양을 간 건 아닌데, 결국 주류가 되진 못했어요. 나중에 다른 이유로 귀양을 가긴 하죠. 그런데 박제가가 청나라에 다녀와서 쓴 《북학의》에서 던진 고민이 하나 있어요.

박정호 뭡니까?

최태성 '왜 우리는 이렇게 가난하지?'라는 의문이었어요. 당시에 청나라는 너무 잘나가고 있는데 청나라가 잘사는 비결은 뭐고, 우리는 왜 이렇게 가난할까에 대한 의문이 《북학의》에서 매우 중요한 화두였거든요.

박정호 《북학의》는 역사 선생님들도 관심이 많으시겠지만, 저희 경제학자들 사이에서도 매우 중요한 문헌이에요. 《북학의》를 살펴보면 그 내용 전반이 경제 이야기입니다.

최태성 참 대단하신 분 같아요. 특히 그중에서 제가 기억하는 바로는 가난의 원인 중 하나로 '검소함'을 꼽습니다. 일반적으로 검소하고 절약하면 좋은 거라고 생각잖아요. 그런데 박제가는 그걸 문제라고 했단 말이죠.

박정호 유학에서도 검소함과 근검절약을 덕목으로 칭송하잖아요?

최태성 저번 시간에도 말씀드렸듯이 조선은 사농공상 사회잖아요. 가장 마지막이 상업하는 상인들인데, 상인은 장사를 해서 이문(이익이 남는 돈)을 남겨야 해요. "에이, 남는 것도 없는데 가져가쇼." 하는데, 남는 게 없으면 왜 가져가라 하겠어요. 이렇게 장사를 하다보면 거짓말을 해야 하는 경우가 생기고, 유학자들이 보기에는 이런 행위들이 인간의 본성과는 어긋나서 별로 좋지 않다고 생각한 거예요. 유학자라면 자급자족하면서 성실히 검소하게 절약하면서 사는 것이 가장 옳은 모습이라고 본 겁니다. 한마디로 도(道)를 닦는 자세를 추구한 거죠.

박정호 그러니 박제가가 처음으로 '근검절약만 하지 말고 좀 써라.' 하며 소비를 이야기한 건 굉장히 혁신적인 주장이었겠군요.

최태성 당시 유학자들의 주류적 생각은 아니었다는 건 분명하죠. 검소함을 비판했다는 것, 이게 어떻게 경제와 연결이 될 것인지 연관고리가 있을 것 같아요.

박정호 네, 많습니다. 소비에 처음 주목한 경제학자 중에, 많은 분들이 떠올릴 법한 이름이 있는데, 바로 '케인즈(John Maynard Keynes,

1883~1946)'입니다.

최태성 케인즈 경제학의 그 케인즈요? 많이 들어봤어요.

박정호 케인즈가 워낙 이전과는 다른 경제 논리를 들고 나왔기 때문에, 그걸 구분하기 위해서 그전의 경제 이론을 주장한 사람들을 '고전 경제학파'라고 부릅니다. 고전 경제학파의 가장 큰 이론 토대 중 하나는 생산(공급)을 하면 소비가 저절로 일어난다는 믿음이에요. 이를 경제학에선 '세이의 법칙'이라고 하죠.

최태성 지난 시간 정약용 편에서 생산성 향상에 관해 이야기했잖아요.

박정호 그것과 비슷할 수도 있는데요. 이 세이의 법칙은 뭐냐면, 누군가가 생산(공급)을 하면 그 과정에서 사람도 고용해야 하고, 물건도 갖다 써야 하잖아요. 생산(공급)이 이뤄지면 소비는 저절로 일어나니 걱정하지 말라는 거예요.

최태성 그렇겠죠.

박정호 엇, 그 이유를 아시다니 대단한데요?

최태성 아니, 물건이 많이 만들어지고 잉여물이 있으면 서로 교환하면

여기서 잠깐!

세이의 법칙이란?

대부분의 고전 경제학파 경제학자들은 생산(공급)이 수요를 창출한다는 '세이의 법칙'을 신봉했습니다. 이 이론은 모든 경제활동이 생산물의 양에 따라 임금이나 이윤 등의 소득을 동반하기 때문에 수요 부족으로 인한 불황은 없다고 주장합니다. 공급이 수요를 창출하여 국민 총수요가 항상 총공급과 일치하게 된다는 논리입니다.

서 소비하지 않을까요?

박정호 바로 그거예요. 무슨 얘기냐면, 생산 과정에서 물건을 하나 만들 때 누군가를 고용하게 되고요. 원자재를 가져오고 또 돈을 빌려다 쓰잖아요? 그 과정에서 노동력을 제공한 사람은 임금을 받고, 돈을 빌려준 사람은 이자를 받고요. 생산(공급)이 이뤄지는 과정에서 누군가에게 소득이 생긴다는 거예요. 소득이 생긴 사람은 그 소득을 가지고 당연히 뭘 한다? 소비를 하게 되죠. 그래서 생산(공급)이 이뤄지면 누군가의 소득이 생기고, 소득을 얻은 사람이 소비하기 때문에 소비는 신경 쓸 필요가 없다는 게 고전 경제학자들의 주장이었어요.

최태성 저는 거기에 일면 동의가 됐어요.

박정호 그런데 특이한 일이 생겼어요. 뭐냐면 '대공황'이라는 사건이 발생했죠.

최태성 1929년이죠?

박정호 맞습니다. 그때가 어떤 상황이냐면, 생산성이 가장 비약적으로 발전하고 있던 시점이에요. 우리가 자동차의 왕 하면 누구를 떠올립니까?

최태성 헨리 포드(Henry Ford, 1863~1947)죠.

박정호 네, 포드 같은 사람들이 생산성을 향상시키는 데 앞장섰지요. 이때가 20세기 최고 부자들이 등장하는 시점이에요. 무슨 이야기냐면, 그때까지는 생산에 아무 문제가 없었단 거예요.

최태성 맞아요. 당시엔 그랬죠.

박정호 생산이 오히려 잘됐으면 더 잘됐지 문제가 없었죠. 그런데 이상한 일이 생긴 거예요. 어? 생산이 이렇게 잘되면 소비도 잘 일어나 문제가 없을 거라고 경제학자들이 이야기했는데, 소비가 안 일어나서 엄청나게 큰 불황, 대공황이 생겼다는 거잖아요.

최태성 그러네요. 수요와 공급 법칙이 깨진 거죠.

박정호 네, 그래서 이게 어떻게 된 거냐. 도대체 생산만 이뤄지면 다 된다더니. 이에 대해서 설명을 명쾌하게 해준 사람도 없고 설명을 못 한다는 건 당연히 해법을 제시한 사람도 없었던 거죠.

최태성 고전 경제학으론 이해가 안 되는 상황이 발생했네요.

박정호 그렇죠. 고전 경제학자들도 그들의 주장이 다 깨지니까 막막한 거죠. 그런 상황에서 케인즈가 짜잔 하고 등장한 겁니다. 제목도 아주 도발적이에요. 《일반 이론The Genaral Theory of Employment, invest-ment and Money》이라는 책이었거든요.

최태성 그리 도발적이진 않은데요? 일반 이론인데…….

박정호 만고불변의 일반론을 자기가 규명했다는 건, 굉장히 주제넘은 단언일 수 있어요. '이게 일반론이야, 이게 정론이야, 이게 다야.'라는 건 굉장히 위험한 말이죠. 그래서 General이라든가, Funda-mental이라든가 우리말로 치면 원론이나 기본이라는 뜻의 단어는 웬만하면 함부로 붙이면 안 된다고 생각해요. 그런데 케인즈가 《일반 이론》을 들고 나오면서 오히려 주목했던 게 고전 경제학파들이 신경 쓰진 않았던 '소비'였어요. 장기적인 시점에는 생산이 중요하지만 일시적인 어떤 순간에는 소비를 중요시해야 하고, 소비가 있어야만 누군가가 그에 부응하기 위해서 생산할 거고, 그러다 보면 소득이 생기고, 경제가 돌아간다는 거죠.

박제가의 '우물'과 케인즈의 '유효수요'

최태성 박제가는 《북학의》에서 재화를 '우물'에 비유해 새로운 물이 끊임없이 샘솟듯 재화 또한 소비를 통해 재생산이 가능하다고 했습니다. 박제가의 '우물'이 케인즈의 주장과 일맥상통한다고 볼 수 있을까요?

박정호 정말 놀랍게도 거의 맥을 같이 합니다. 그러니까 우물물도 계속 사용하면 새로운 물이 솟아오르듯이 경제에서 생산된 재화는 소비를 통해서 재생산이 가능하고, 재생산은 다시 소비를 유도하게 된다고 주장한 거죠. 농사가 번성하고, 그걸 통해서 누군가에게 소득이 생기면 소비가 일어나고, 그렇게 됐을 때 그 뒤에 벌어질 것으로 예측한 여러 내용들이 케인즈의 주장과 거의 맥을 같이 해요.

최태성 제가 학생들에게 가르칠 때는 우물을 설명하면서 주전자 이야기를 많이 해요. 《북학의》를 보면 박제가가 이런 말을 하는 거예요. "그 우글쭈글한 주전자, 갖다버려라. 네가 그걸 끼고 있으면 누가 그걸 다시 만들겠느냐."

박정호 박제가가 했던 주전자 이야기도 케인즈의 주장과 비슷합니다. 케인즈는 이 불황을 극복하려면 소비가 일어나야 하는데 소비를 할 수 있는 주체가 누가 남아 있냐고 물었어요. 불황이니 소비할 수 있는 돈을 가진 사람이 없고, 또 소비하기를 두려워하고요. 케인즈는 그때 나서야 하는 주체가 바로 '정부'라고 했어요. 예를 들어 정부가 다리도 놔야 하고, 도로도 닦아야 하고, 건물도 지어야 하는데, 지금 불황이라고 하면 그런 공사 발주를 좀 앞당겨서 먼저 하라는 거죠. 그러다 보면 누군가 고용되고, 민간에서 물건을 살 수 있는 여력이 생길 테고, 그렇게 해서 소비가 일어나면 다시 민생 경제가 돌아가지 않겠냐는 게 케인즈의 주장이에요.

최태성 요즘 언론에서 자주 등장하는 추가경정예산을 편성해 미리 돈

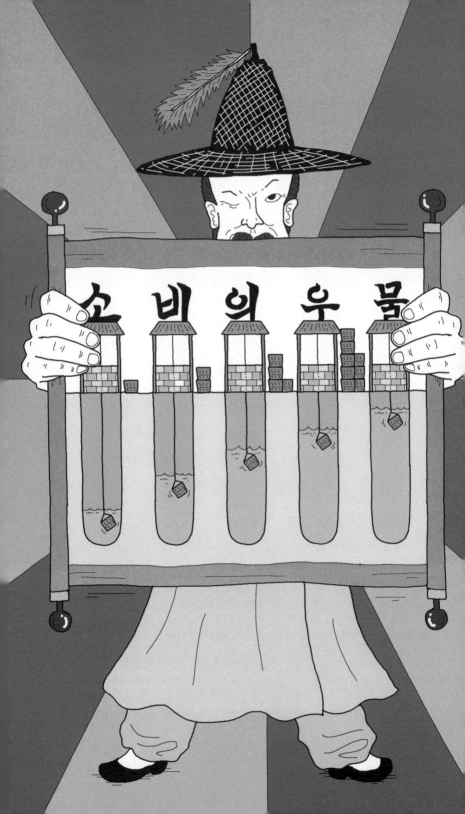

을 당겨 와서 풀면 소비가 진작되는 효과를 노리는 것도 비슷한 사례인가요?

박정호 맞습니다. 그런데 케인즈가 그 이야기를 하기 전에는 아무도 그런 방안들을 생각하지 못했어요.

최태성 그래요?

박정호 지금은 "경기가 이렇게 안 좋은데 정부가 뭐 하는 거야?"라고 말하는 사람이 많아졌잖아요? 그런데 케인즈의 등장 이전까지는 소비나 정부의 기능에 주목하는 사람이 아무도 없었죠. 케인즈는 소비하는 사람들이 많아지면 물건을 만들어 파는 사람이 늘어나고, 물건을 판 사람은 또 다른 소득이 생기니 경제가 돌기 시작하는 거라고 주장합니다.

최태성 이를 나타내는 경제학 용어는 없나요?

박정호 **'유효수요'**라는 개념이 있어요. 케인즈가 일반적인 수요와 구분하기 위해 만든 개념이에요. 수요는 물건을 사고자 하는 욕구를 말해요. 실제로 물건을 산 걸 말하는 게 아니죠. 예를 들어 내가 어떤 가격에 얼마 만큼의 물건을 살 의사와 욕구가 있으면 그게 바로 수

여기서
잠깐!

추가경정예산이란?

예산이 성립한 이후에 생긴 부득이한 사유로 인해 이미 성립된 예산을 변경하는 예산을 지칭합니다. 추가경정예산은 이미 성립된 예산의 변경을 가져온다는 점에서 국회에 제출된 예산안 수정을 위한 수정예산과는 구분된답니다.

요예요. 그런데 수요가 실제 소비로 이어지려면 구매력이 뒷받침되어야 하죠. 가끔 도로가 너무 막히면 자가용 비행기 한 대 있으면 좋겠다고 생각하시죠? 저만 그런가요? 😊하하 하지만 자가용 비행기가 갖고 싶어도 실제로 살 수는 없죠. 저희 같은 사람은 구매력이 뒷받침 안 되잖아요?

최태성 저보고 지금 가난하다는 말씀이세요? 하하 😊

박정호 그건 아니고요. 왜 이러세요. 😊하하 케인즈는 생산만 하면 수요가 일어날 거라는 기대는 의미가 없고, 사람들이 실제로 살 수 있는 구매력을 동반한 수요가 중요하다고 했죠. 그런 수요만 유효하다고 해서 유효수요라는 개념이 생긴 거예요.

최태성 그럼, 제 월급 명세서에 얼마의 금액이 찍혀요. 그중에서 제가 물건을 살 수 있는 여력이 있는 금액을 유효수요라고 볼 수 있는 건가요?

박정호 네, 맞습니다. 자신의 소득이나 대출 여력, 이 외 여러 경제적 여건을 기반으로 실질적인 구매로 이어질 수 있는 수요가 바로 유효수요예요.

최태성 그렇다면 유효수요를 창출하려면 어떻게 해야 하나요?

박정호 케인즈는 정부가 유효수요를 만들어줘야 한다고 말해요. 개인이 소비를 하려면 돈을 벌어야하는데 그걸 누가 해줄 수 있냐면 그 기폭제를 정부가 제공하자는 거예요.

최태성 그럼 연구원님 말씀을 정리해보면, 대공황 당시 유효수요를 창출시키기 위해서 정부가 직접 개입해 철강, 석탄, 정유 등 국가 산업의 기초가 되는 '기간산업'을 추진한 게 중요하단 말씀이시네요.

박정호 그렇지요. 미국의 루스벨트 대통령(Franklin Edlano Rooseveelt, 1882~1945)이 대공황 이후 1933년에 대통령으로 취임해서 펼친 <u>뉴딜(New Deal)</u> 정책이 대표적인 예입니다. 정부가 빚을 내서 그 돈으로 공공복지 사업을 추진한 것도 케인즈의 이론을 바탕으로 한 결과물이었죠. 그것이 대공황을 극복하는 데 정말 기여를 했느냐의 여부는 아직도 의견이 분분하지만, 그런 방법론이 있다고 최초로 천명한 사람이 케인즈라는 것만은 분명해요.

최태성 지금까지 박제가와 케인즈의 이론을 설명해주셨는데요. 이처럼 소비가 중요하다면, 저축은 안 해도 되는 건가요? 저축이 나쁜 건 아니잖아요. 저축을 해야 나라가 건강하고 부강해지는 것 아닌가요?

박정호 좋은 질문하셨어요. 경제학에서 재밌는 용어가 하나 있는데 '구성의 오류'라는 게 있습니다. 이건 무슨 말이냐면 개인에게는 성립하는 명제가 집단으로 확장되면 성립하지 않는다는 거예요. 예를

여기서 잠깐! **뉴딜 정책은 뭘까요?**

루스벨트 대통령은 대공황을 벗어나려고 테네시 강 계곡 개발 사업과 같은 대규모 공공사업을 통해 실업자들을 고용하여 대중의 구매력을 높이고, 금융과 산업에 대한 강력한 통제 정책을 실시하며, 최저임금제와 사회 보장제 등 사회 복지 정책을 적극적으로 추진했습니다. 그 결과, 침체됐던 미국 경제는 점차 회복되어 갔지요.

들어, 야구장에서 야구를 볼 때 서서 봐야 더 잘 보이겠죠? 그럼 이런 명제가 생겨요. '야구장에서 서서 관람하면 경기가 더 잘 보인다.' 그런데 이걸 전체로 확장해 야구장에 온 사람이 다 같이 서서 보면 잘 보일까요? 아니잖아요. 이게 바로 구성의 오류인데요. 경제학에서 이런 구성의 오류가 꽤 있습니다. 저축을 여기에 적용해볼게요. '개인이 저축을 많이 하면 부유해진다.' 맞는 얘기일 수 있어요. 모아놓으면 재산이 증식되죠. 그렇다면 '모든 사람이 저축을 많이 하면 우리가 다 부유해진다.' 이러면 뭔가 이상해지죠. 왜냐하면 모두가 저축하면 소비를 하는 사람은 없어지고, 그래서 회사가 돈을 벌지 못하면 고용도 사라지게 되니까요.

최태성 그것도 박제가가 이야기한 거네요.

박정호 이렇게 생각하시면 좋을 것 같아요. 저축은 미덕이지만 때론 악덕이기도 하고, 소비가 미덕이지만 또 악덕일 수도 있다고 말이죠.

사농공상을 하나로
묶어주는 건 상인이다!

최태성 박제가가 살았던 당시, 조선에서 나라를 이끈 사람들은 기본적으로 성리학자들이었고 자급자족 경제체제를 지향했잖아요. 그래서 유효수요 창출에는 전혀 관심이 없었을 것 같아요.

박정호 네, 맞습니다. 자급자족 사회에서는 내가 사용할 물건의 대부분을 내 손으로 생산해서 소비하잖아요. 그러니까 나라 전체의 경기가 좋고 나쁘다가 별로 의미가 없을 수도 있어요. 그런데 박제가가 가만히 봤더니, 그런 상황 때문에 경제가 발전하지 못하는 거예요. 자급자족 시스템에서는 새로운 물건을 만든다든가 교류하는 일이 일어나지 않아요. 그래서 박제가는 그 근본적인 문제의 원인을 '물류'에서 찾지요. 박제가가 청나라를 정확히 네 번 갔다 옵니다. 해외의 선진 문물을 접하면서 문리(文理, 사물의 이치를 깨달아 아는 힘)가 트인 거죠.

최태성 당시의 몇 안 되는 해외 유학파라고 볼 수 있지요.

박정호 네, 더구나 당시엔 나라 밖으로 공부를 하러 가는 사람이 많지 않았으니까요. 저는 제 수업을 듣는 친구들이 여름방학에 뭐 하면 좋을지 추천 좀 해달라고 하면 꼭 권하는 게, 공부도 좋지만 배낭여행이든 뭐든 외국에 꼭 가보라고 해요. 특히 선진국을 가보라고 하는데, 현장에서 직접 보고 오면 그 충격이나 느낌이 정말 색다르거든요. 조금 전 《북학의》에 대해 소개해주셨잖아요? 외편에서는 농업을 이야기하고, 내편에서는 주로 이야기하는 것이 오늘날의 교통, 건축, 외국어 같은 거예요. 굉장히 현대적인 것들이죠? 내편에서 언급한 교통 중에 박제가가 이야기한 수단이 바로 **'수레'**예요. 당시 조선의 주요 교통수단은 뭐였을까요?

최태성 말 아니면 배 아니었을까요?

박정호 배는 사실 많지 않았고요. 대부분 걸어서 이동했어요. 왜냐하면, 말의 유지 비용이 어마어마했습니다. 당시 기록을 보면 말은 소보다 많이 먹어요. 양반들이 말을 타고 옆에 반드시 노비를 데려

가잖아요. 노비는 걸어가니까 말이 달리는 속도를 따라갈 수 없지요. 그래서 말이 노비의 도보 속도에 맞춰서 가는 거예요. 또 노비들에겐 짐을 지우지 않습니까? 그러니까 속도가 굉장히 느리죠. 말을 이용하는 사람은 한정적이고, 말의 속도가 느리고 대부분 도보로 이동하니까 대량의 물건을 날라다가 팔아서 다시 사오고 하는 것들을 할 수 없는 거예요. 보부상이 봇짐 지고 와서 파는 수준밖에는 안 되니까, 상공업이 활발해질 수 없는 거죠.

그런데 박제가가 청나라에 갔더니 '어, 이거 봐라?' 거기엔 마차란게 있어서 상인들이 마차에 짐을 산더미처럼 싣고와 팔아서 큰돈을 벌고 있는 거예요. 예를 들어 내륙 지방 사람이 생선을 사고 싶어도 어촌에서 온 사람이 생선을 소량만 가지고 와서 파니까 비싸서 거래가 잘 안 됐는데, 마차로 생선을 잔뜩 짊어지고 와서 뿌리니까 단가가 싸지고 거래가 많이 일어나는 거죠. 그래서 박제가가

오고 있나?

청나라에 갔다 와서 '수레'를 도입하자고 주장했어요. 그래야 경제가 활발하게 일어나고, 다양한 물건을 살 수 있는 시장이 형성될 수 있으니까요.

최태성 하지만 기본적으로 수레를 도입하려면 먼저 길을 닦아야 하잖아요.

박정호 네, 잘 지적해주셨어요. 저도 아쉬운 게 바로 그거예요. 박제가가 수레를 도입하자고 해놓고 선결 조건인 도로에 대해서는 이야기하지 않았어요. 우리나라는 전 국토의 70% 이상이 산이에요. 한양이 평지라서 도읍으로 정한 거지만, 한양 시내로 들어오려면 고개를 넘어야 해요. 미아리 고개니, 무악재니 험준한 고개가 즐비했죠. 지금은 상상을 못 하시겠지만 옛날 사진

을 보면 어떨 때는 도로가 좁아져서 말 뒤에 같이 가는 노비들이 한 줄로 쫓아와야 할 정도로 좁은 고갯길이었어요. 수레는 당연히 지나다닐 수 없었죠. 먼저 청나라는 왜 수레를 이용할 수 있고 우리는 왜 이용할 수 없는지를 꿰뚫어보셨으면 좋았을 텐데, 수레를 도입해야 한다고만 했지 그러기 위해선 뭘 해야 한다고 제안하지 않으셔서 그게 참 아쉬워요.

반면에, 청나라는 수레를 이용할 수 있는 환경 조건이 잘 형성돼 있었죠. 흔히 '만주 벌판'이라고 하잖아요. 홍콩 영화만 봐도 말이 막 산에서도 달리니 수레도 이용할 수 있어요. 그러니까 우리나라가 청나라에 비해 다양한 상거래 활동이 원활하지 못했던 건 경제관념과 상인 정신이 부족해서가 아니고, 원활한 교역을 할 수 있는 물류 시스템이 없었기 때문이에요. 생산한 걸 실어나르고 실어오고 사고 팔고 해야 하는데 그럴 수 없었죠. 물류 혁명을 일으킨 가장 큰 혁신, 어떻게 보면 인터넷보다도 더 크게 우리 삶을 근본적으로 바꿔 놓은 건, 바로 컨테이너(container)예요.

최태성 컨테이너요? 선박 말씀하시는 건가요?

박정호 선박과 컨테이너는 본질적으로 달라요. 선박이라는 건 물류 산업에서 규격화된 상자 안에 물건을 넣고 배송한다는 의미고요. 컨테이너는 그 규격화된 상자 자체를 의미해요. 이게 별 거 아니라고 생각할 수 있는데 정말 혁신적인 변화입니다. 예전에 선박에 컨테이너라는 개념을 처음으로 도입한 사람이 말콤 맥린(Malcolm McLean, 1913~2001)이에요. 그는 1956년에 씨랜드(Sea-Land)라는 회사를 차립니다. 물론 컨테이너는 제2차 세계대전 때부터 군수 물자를 운용하기 위해 사용하긴 했어요. 이걸 개인 차원의 산업 활동에 최초로 도입한 사람이 말콤 맥린이었죠. 이때부터 어떤 일이 생기냐면, 1950년대 이전에는 해외에서 뭔가를 수입해 들여온다고 했을 때 운송 비용의 60~70% 가량이 바다가 아닌 육지에서 발생됐어요. 왜냐하면, 여기저기서 물건을 가져오니 규격이 다 달랐던 거예요. 물건을 배에 실어야 하는데 어떤 건 너무 크고, 어떤 건 깨지고 하니까 이걸 나누는 데 엄청난 인력이 투여된 거죠.

그런데 컨테이너가 생기면서 많은 게 달라졌어요. 1910년~1920년대 항구 도시 사진을 보면 항구 옆에 선술집들이 즐비했지요. 선원들이 오늘 다 못 나르면 술 마시고 나서 내일 또 날라야 했으니까요. 그래서 인근에 숙박업소도 많았죠. 그런데 요즘 부산항 가보시면 아시겠지만 호텔은 관광용이고, 선원이나 물류업계 사람들이 이용하는 숙소나 술집이 거의 없어요. 그냥 컨테이너만 따로 깔끔하게 쌓아 놓았죠. 이 물류 시스템이 완벽하게 산업 생태계를 바꾼 거예요. 그리고 또 어떤 일이 생겼냐면, 옛날에는 배에 선적하는 데 많은 비용이 드니까 산업이 항구 중심으로만 형성됐어요. 왜냐하면 내륙에서 생산하면 그걸 또 운반하는 물류비가 드니까 제품의 가격 경쟁력이 떨어지잖아요. 그래서 중요한 원자재가 있지 않고서는 내륙에 도시가 생기는 경우는 별로 없었어요. 그런데 해운 비용이 떨어지니 내륙에 있는 다양한 도시들이 발달할 수 있는 여건이 생겨났죠. 이처럼 물류업이 경제를 활성화시키기 위한 중요한 수단이라는 걸 박제가가 발견한 거예요.

최태성 수레와 선박을 강조하면서 말이죠.

박정호 네, 그리고 또 다른 혁신적인 주장을 해요. 조선에는 어민도 있고 농부도 있고, 물건을 만드는 공인들도 있는데 이 사람들의 물건을 서로 연결시켜주고 하나로 묶을 수 있는 근원적인 힘은 '상인'에게 있다고 말했어요. 사농공상을 하나로 묶기 위해서는 전체 중에 무려 3분의 1이 상인이어야 한다고 주장했어요.

최태성 당시 조선의 대부분은 농민이었는데 말이죠.

박정호 네, 엄청난 주장이죠. 상인이 물류를 담당하는 주체잖아요. 이분은 물류의 중요성을 미리 아신 거예요. 이뿐만이 아니에요. 내편에서는 건축 이야기를 하셨는데, 그중에서도 대표적으로 '창문'에 대해 이야기해요. 청나라에 갔더니 창문의 크기가 똑같더라는 거예요. 물류에서의 컨테이너처럼 건축에서의 표준과 규격의 중요성을 이야기하신 거죠.

박제가가
제2의 《북학의》를 쓴다면?

최태성 박제가가 청나라에 가서 청의 발달된 문물, 활성화된 경제 모습을 보고 와서 《북학의》에서 청을 본받아야 한다는 주장을 했잖아요. "백성들을 위하고, 나라를 위한 것이라면 굳이 그 출처를 따질 것 없이 적극적으로 수용해야 한다."라고 말씀하시기도 했죠.

지금도 중국과 우리가 경제적으로 여전히 긴밀한 관계에 있는데, 앞으로 이 관계를 어떤 관점에서 봐야 할까요?

박정호 사실 중국은 더 이상 우리와 떼려야 뗄 수 없는 나라죠. 중국 경제가 한국에 미치는 영향은 양면적인 측면이 있어요. 중국에서 싼 물건이 들어와서 우리나라 중소기업이나 일부 산업들이 피해를 입었다, 자생력을 잃었다고 이야기하는데요. 다른 측면에서 이 이야기는 이렇게도 설명할 수 있어요. 중국으로부터 싼 물건이 들어왔기 때문에 우리나라의 물가가 안정될 수 있는 거예요. 식자재 같은 기본적인 생활 품목의 가격이 내려간 근원적인 이유는 중국에서 물건을 싸게 가져올 수 있었기 때문이에요. 그러니까 중국이 우리 경제에 무조건 나쁘거나 무조건 좋다고 이야기할 수 없다는 겁니다. 지리적으로 가까울 뿐 아니라 현재 우리와의 무역교역량이 다른 나라를 다 제치고 1위거든요. 게다가 그 관계가 더 긴밀해지고 있지 않습니까?

최태성 네, 미국보다 훨씬 그렇죠.

박정호 그래서 이런 현실을 받아들일 수밖에 없고, 우리에게 좀 더 유리한 방향으로 활용하기 위한 지혜를 모아야 하는 겁니다. 그렇다고 우리만 유리하면 안 되겠죠. 무역으로 통상 마찰이 생기기도 하니까요. 서로가 윈윈(win-win) 할 수 있는 새로운 구조와 관계를 설정하는 게 중요합니다. 해외의 최고경영자(CEO)들이 이런 말을 해요. "중국 시장을 포기하고 글로벌을 이야기할 수는 없다."라고요. 그만큼 중국이라는 나라는 전 세계에서 가장 매력적인 시장이에요. 얼마나 많은 소비자들이 있습니까. 우리나라 소공동이나 명동에 가보면, 그 근처 백화점들이 한국어보다 중국어가 더 유창한 사람을 직원으로 고용합니다. 그곳의 매출에 결정적 기여를 하는 사람이 중국인이라는 거예요.

최태성 그렇게 보면 200년 전 상황과 지금 상황이 비슷한 것 같아요. 왜냐하면 당시 조선의 위정자들은 청나라를 오랑캐라고 여겼기 때문에 청과의 관계에 접근하는 데 있어 미적거린다는 느낌이 있었죠. 지금도 중국은 사회주의 국가이고 외교적 차원에서 기존에 맺어온 미국과의 관계도 있기 때문에, 중국과 어떻게 관계를 맺어야 할지 고민한다는 점에서 비슷하죠. 청나라와 조선의 관계에서 박제가가 나왔듯이, 지금 시대에도 중국과의 관계에 비전을 제시할 수 있는 인물이 나오면 좋을 것 같아요. 박 연구원님이 그 역할을 하시는 건 어떠세요?

박정호 저도 그러면 좋겠는데 아직 공력이 안 됩니다. 하하

최태성 박제가가 이 시대에 환생한다면 어떤 화두를 던졌을까요?

박정호 그때와 마찬가지로 한중 관계에 대해서 새로운 대안이나 방향을 제시해주지 않을까 싶습니다. 지금 우리에겐 새로운 헤게모니를 잡을 수 있는 많은 기회가 있습니다. 세계 각국에서 여러 회사들이 새로운 기술을 만들어내잖아요. 그런데 세계 표준을 무엇으로 정할지 논의할 때 중요한 판단 기준 중 하나가 기술의 우위성이기도 하지만 얼마나 많은 사람이 쓰고 있는가 하는 점도 매우 중요합니다. 중국과 한국, 일본을 포함하는 동북아시아는 전 세계에서

가장 많은 소비 집단이 있고, 가장 좋은 기술자들이 모여 있는 지역이예요. 사실 이 세 나라가 의기투합해서 좀 더 글로벌하게 생각하면, 전 세계적으로 할 수 있는 것들이 많지요.

최태성 와, 제2의 박제가가 탄생했네요. 하하 알겠습니다. 오늘은 박제를 통해 조선과 청의 관계 속에서 우리가 어떤 경제적 모습으로 나아가야 했는지, 그러기 위해선 무엇이 중요한지, 현재 중국과 우리 관계를 어떻게 풀어야 할지 등에 관해 이야기해봤습니다. 다음 주에도 기대하고 오겠습니다.

박정호 저도 무척 기대가 됩니다.

최태성 또 뵙겠습니다. 감사합니다.

熱河日記

扎什倫布

3
허생,
독과점을
재정의하다

〈허생전〉의 탄생 배경과 줄거리

〈허생전〉은 연암 박지원(1737~1805)이 쓴 중국 기행문 《열하일기》 중

권10 《옥갑야화(玉匣夜話)》에 실린 작품이다.

〈허생전〉의 무대는 작품이 써진 18세기에서 한 세기 앞선 17세기로,

북벌운동이 한창 벌어지던 효종 임금(1649~1659) 때이다.

대체적인 줄거리는 다음과 같다.

허생은 남산 묵적골에 사는 선비로 10년을 계획하고 공부를 하고 있었는데

아내의 강요로 공부를 중단하고 돈을 벌기로 작정했다.

서울의 갑부 변씨(卞氏)를 찾아가 빌린 돈으로

과일과 말총 등을 매점매석해 큰돈을 벌었다.

이렇게 번 돈으로 허생은 도적들을 모아 무인도로 들어가 경작을 한 후

수확한 양곡을 일본 나가사키에 팔아 백만 냥의 수익을 올린다.

이후 허생의 사연을 알게 된 북벌 정책을 추진하고 있던 어영대장 이완이

허생을 만나 나라를 위해 일할 것을 권유하지만,

오히려 허생은 이완을 꼼짝 못하게 만들고 홀연히 떠난다.

오늘 이야기를 나눌 인물은 **연암 박지원이 쓴 한문 소설 〈허생전〉의 주인공 허생입니다.** 허생은 우리 역사에 실제로 존재한 인물이 아닌데, 어떻게 경제학자라고 말할 수 있냐고 의문을 가질 분들이 계실지 모르겠네요. 하지만 허생은 당시 실제 누군가를 투영해놓은 것처럼, **특히 '독점'에 관해 이야기할 때 어느 누구보다도 경제 전문가답습니다.** 신화나 소설은 그 시대를 그대로 담고 있는 측면이 많기 때문에, **이번 시간엔 〈허생전〉 속의 허생이라는 독점 자본가의 모습을 통해 조선 후기에 벌어진 상품경제 발달의 생생한 모습을 살펴보려고 합니다.** 오늘날 바람직한 독점 기업의 모습은 어떠해야 하는지, 독점이 나아갈 방향은 무엇인지 대해서도 생각해 보면 좋겠습니다.

최태성 허생은 경제와 직결되는 인물이기 때문에 절대 우리가 빼놓아
선 안 되죠.

박정호 네, 설명할 게 아주 많아요. 허생은 독점 기업이 어떻게 이윤을
창출하는지를 정확하게 보여주는 인물이거든요. 〈허생전〉이 나왔
을 당대에 상인들이 꽤 활발한 활동을 했었죠. 허구의 인물이지만
그들의 모습이 투영된, 소설화된 허생을 이야기해도 충분할 거라
생각해요. 먼저, 허생에 대해 좀 소개해주세요.

최태성 일단 〈허생전〉이란 작품은 연암 박지원의 중국 기행문《열하일
기》의 열 번째 권인《옥갑야화》에 실려 있는 한문 소설이에요. 먼
저 이 소설이 쓰인 시점과 작품 배경을 살펴볼까요. 소설 속 배경
은 조선의 제17대 왕인 효종(재위 1649~1659)이 집권한 시기인데요.
박지원이 〈허생전〉을 쓴 시점은 1780년, 즉 18세기였어요. 그러니
까 17세기 이야기를 박지원이 18세기에 소설로 지은 거지요. 그럼,
조선이 17세기와 18세기를 지나면서 어떤 상황에 처했는지 알아
봐야겠죠? 17세기는 한마디로 이야기하면 '북벌(北伐, 북을 정벌하자)
의 시대'라고 할 수 있고, 18세기는 '북학(北學, 북을 배우자)의 시대'
라고 규정할 수 있어요. 박지원이 17세기 '북벌의 시대'에 대해 비
판의식을 가지고 이 소설을 썼거든요. 혹시, 북벌의 북이 어딘지
아세요?

박정호 청나라 아닌가요?

최태성 네, 맞습니다. 전 북한이라고 하실 줄……. 하하

박정호 제가 이 정도야 알고 있죠. 하하

최태성 당시 청나라는 전성기를 구가하던 시기였어요. 하지만 조선 사람들은 청나라를 오랑캐라고 낮잡아 봤지요. 박지원은 그런 태도를 비판하면서 청나라를 통해 배울 건 배워야 한다고 주장했어요.

박정호 본인이 청나라에 가서 직접 보고 깨달은 바가 있었겠지요?《열하일기》는 기행문이니까요.

최태성 그랬을 거예요. 유학을 갔다 오면 시야가 탁 트이는 면이 있잖아요. 17세기는 북벌의 시대라고 이야기했지만 실제로 북벌을 한 적은 없어요. 이 점이 참 재밌죠. 박지원은 북벌의 시대를 비판적 관점으로 보면서 허생이란 인물을 소설 속에 등장시킨 게 아닐까 싶어요. 〈허생전〉을 보면 어느날 갑자기 허생이 독서를 때려치우고 밖으로 나갔단 말이에요. 그러면서 큰일을 하나 저지르지 않습니까. 이걸 경제학적으로 어떻게 설명할 수 있을까요?

박정호 허생이 밖으로 나와 한 게 뭐냐면 바로 장사예요. 이 사람이 어떤 물건으로 장사하는 지를 보면 그가 얼마나 경제적 식견이 높았는지를 알 수 있어요. 허생이 선택한 품목이 바로 '말총'과 '과일'이에요. 지금 우리에겐 와 닿지 않을 수도 있는데 당시 그 두 가지 물건은 사람들에게 필수품이었죠.

최태성 말총은 붓털이나 갓, 망건을 만드는 재료였어요. 조선 후기에는 양반 수가 증가해 갓 수요가 엄청 늘어났죠.

박정호 상인 입장에선 돈을 많이 벌려면 물건을 비싸게 팔아야 하는데, 필수품이 아닌 것들은 비싸면 안 사면 그만이지만 생활에 반드시 필요한 물건이면 비싸도 사야 하거든요. 과일도 '비싸면 안 먹으면

되지.' 생각하실 수 있는데, 과일은 유교 사회에서 제사를 지낼 때 반드시 필요한 품목이었습니다.

최태성 과일 중에서도 가장 귀한 것, 가장 좋은 것으로 샀죠. 비싸도 조상님이 드실 거니까요.

박정호 그러니까 제사에 쓰이는 과일은 사재기해서 폭리를 취하기 좋았겠죠? 말총 역시 당시에 볼펜이 있었겠습니까, 뭐가 있었겠습니까. 이런 필수품을 가지고 장사를 했다는 게 첫 번째 좋은 조건이었고요. 그다음에 또 한 가지 살펴볼 게 있는데, 경제 용어 중에 '**대체재**'라는 개념이 있어요. 들어보셨어요?

최태성 *하하* 조금 어렵네요.

박정호 간단히 설명 드리면, 대체재라는 건요. 개별 경제주체가 자신의 편익을 누릴 때 대신해서 소비할 수 있는 재화가 뭘까 했을 때, 생각나는 겁니다. 예를 들면, 갈증이 날 때 탄산음료가 생각나잖아요.

그때 콜라를 대신해 마실 수 있는 게 뭐가 있을까요?

최태성 사이다!

박정호 그렇죠. 콜라와 사이다가 대체 관계에 있는 대체재인 셈이죠.

최태성 사이다를 마실 때는 콜라가 대체재가 되고, 콜라를 마실 때는 사이다가 대체재다?

박정호 네, 맞습니다. 물건을 비싸게 팔려고 할 때 아무리 필수품이라도 싼 대체재가 있으면 함부로 비싸게 팔 수 없거든요. 사람들이 싼 것만 사고 비싼 것을 사질 않으니 결국엔 가격을 낮춰야 해요. 그런데 필수품이면서 대체재가 없는 말총이나 과일 같은 것은 어떨까요? 이런 걸 가지고 장사할 때, 사실 폭리를 취하기가 정말 쉽죠. 물건의 가격을 파는 사람 마음대로 정해 소비자를 우롱하는 거지요.

최태성 소비자야 어찌되든 파는 사람은 돈을 많이 벌겠네요.

박정호 그렇지요. 여기서 중요한 게 하나 더 있습니다. 바로 **'수요의 가격탄력성'**이라는 개념이에요. 이건 뭐냐면 소비자가 어떤 제품의 가격이 변했을 때 내가 그 물건을 얼마만큼 살지 말지, 수요를 얼마만큼 크게 변화시키는지를 알아보는 개념입니다. 예를 들어, 쌀을 생각해보세요. 쌀 가격이 올랐다고 해서 갑자기 하루 세 끼 먹던 걸 한 끼로 줄이나요? 반대로 쌀 가격이 떨어졌어요. 하루 세 끼 먹던 걸 다섯 끼로 늘리나요? 아니죠. 이처럼 필수적으로 소비하는 제품은 가격이 수요량을 크게 변화시키지 않아요. 가격이 오르든 떨어지든 필요한 만큼의 소비가 어느 정도 정해져 있으니까요. 이를 가리켜 '수요의 가격탄력성이 낮다'고 말합니다.

그런데 사치재나 대체재가 많은 제품의 경우는 예를 들면, 볼펜은 대체할 수 있는 다른 볼펜들이 수없이 많잖아요. 집에 있는 것 쓰거나 더 안 사도 그만이거든요. 이렇게 대체재가 많은 제품은 가격을 올려버리면, 소비자들이 비싸다고 사지 않는 비율이 확 눈에 띄게 늘어납니다. 이처럼 물건의 가격에 따라서 사람들이 살지 말지 생각이 변하는 걸 두고 '수요의 가격탄력성이 높다'고 말합니다. 허생이 선택한 말총과 과일은 모두 수요의 가격탄력성이 낮은 품목이에요.

최태성 왜냐면 싸건 비싸건 어쩔 수 없이 사야 하는 거니까요.

박정호 그렇다면 이런 제품은 싸게 팔아야 할까요, 비싸게 팔아야 할까요?

최태성 장사하는 입장에선 비싸게 팔겠죠.

박정호　맞습니다. 허생은 이런 물건들을 사재기해놓고 비싸게 팔면서 폭리를 취하는, 오늘날 독점 시장에서 목격할 수 있는 일반적인 행태를 소설 속에서 그대로 보여주고 있습니다. 허생이 이 두 가지 품목을 선택한 배경에는 필수재와 대체재, 가격탄력성 등 현대적인 경제 개념이 투영된 겁니다.

최태성　그런데 연구원님. 허생이 정말 그런 경제적 이론을 떠올리면서 과일과 말총을 골랐을까요?

박정호　물론 당시엔 경제 이론이라는 게 없었죠. 사실 경제 이론은 '발명'됐다기보다는 '발견'된 것에 가깝습니다. 없었던 것이 새로 만들어진 것이 아니라, 옛날부터 있던 것을 규명해 발견한 것이지요. 제가 자주 가는 떡볶이집 아주머니에게 가끔 물어봐요. "아주머니, 이건 왜 이거랑 같이 파세요? 이건 왜 이렇게 파세요?" 여쭤보면 아주머니는 이런 경제 개념도 모르시는데 이론적인 부분을 뺀 나머지를 명쾌하게 다 설명해주세요.

최태성　실제 삶 속에서 경제를 이야기하는 분이라는 거죠?

박정호　네, 허생이 제가 만난 아주머니와 비슷한 인물인 것 같아요.

독점을 규제하는 기준은 무엇일까?

최태성　그런데 필수품을 독점하는 상인에게 울며 겨자 먹기로 물건을 사야한다면, 이걸 건강한 시장이라고 볼 수 있을까요?

박정호 사실 이런 시장은 '독점 시장'이라고 하고, 이는 '시장 실패'의
결과라고 봅니다.

최태성 시장 실패라는 건 시장 상황이 안 좋다는 이야기인가요?

박정호 시장 기능이 원활하게 작동하지 않는 걸 의미해요. 자유로운 거
래를 통해 사회적 후생을 높일 수 없다는 이야기입니다. 그렇기 때
문에 바람직한 상황은 아니죠. 그런데 많은 독점 상황은……,

최태성 정약용 편에서도 나왔던 것 같은데.

박정호 맞습니다. 정부는 이런 상황에 개입을 통해 독점 기업의 횡포를
규제합니다. 그래서 우리나라 같은 경우도 1980년에 '독점규제 및
공정거래에 관한 법률'을 제정했어요. 독점 기업이 횡포를 부려서
건전한 시장 균형과 발전을 저해하는 상황을 막기 위한 것이죠.

최태성 지금은 그럼 사재기하면 안 되나요?

박정호 사재기하면 안 되죠.

최태성 제가 허생처럼 하겠다는데, 그게 왜 안 돼요? 하하

박정호 이 두 가지를 구분하셔야 합니다. 바람직한 시장의 모습과 시장
기능이 작동하는 상황은 달라요. 예를 들어 최 선생님이 사재기해
서 큰 부를 쌓았다고 합시다. 남에게 사기를 쳤다면 문제가 되겠지
만, 가격이 떨 물건을 샀다가 가격이 충분히 뛰었을 때 팔았다
면, 이건 개인이 자신의 경제적 이익을 추구한 거예요. 그런데 그
과정에서 많은 사람들에게 본의와 다르게 피해를 주고, 자본도 원
활하게 공급되지가 않아요. 자본이 효율적으로 쓰이지가 못하는
거죠. 국가는 개인의 이익을 중요하게 여기는 게 아니라, 국가 전

반의 균형 발전이나 성장을 고려해야 하잖아요? 그렇기 때문에 어쩔 수 없이 사재기 등을 제도적으로 규제하는 것이죠. 이런 법규가 우리나라뿐 아니라 해외에도 많이 있어요. 또 한 가지 재미있는 건, 독점이라는 게 어떤 물건을 단 한 명이 만들어서 팔면 무조건 독점 시장이라고 생각할 수 있잖아요. 잘 생각해보세요. 선생님 집에 컴퓨터 있으시죠? 운영체제 어디 것 쓰세요?

최태성 대한민국에서 제일 많이 쓰는 운영체제겠죠.

박정호 마이크로소프트(Microsoft, 이하 MS)사의 윈도우를 쓰시죠. 대부분이 그걸 쓰는데, 그럼 MS사를 만든 빌 게이츠(Bill Gates)가 시장을 독점한 거죠? 전 세계적으로 윈도우를 안 쓰는 사람이 거의 없으니까요.

최태성 그 기업은 법적인 제재를 적용 안 받나요?

박정호 미국에서 실제 MS사를 대상으로 법정 소송이 있었습니다. 독점의 판단 기준이 이렇습니다. 시장 점유율이 일정 수준 이상이거나 절대적으로 높아져서 그것으로 인해 시장이 지속적으로 성장하거나 발전하지 못한다면, 그때는 독점으로 판단해 규제해요. 그런데 시장 점유율이 높다고 해서 무조건 기존 기업이 신생 기업의 등장이나 시장이 혁신하거나 발전하는 걸 막는 건 아니거든요. 누구든지 또 다른 도전자가 와서 그걸 흔들 수 있는 기회가 있는 상황이라면 그걸 독점이라고 규제하진 않아요. 그래서 이 MS와 관련해서 미국 법원에서는 시장 점유율이 거의 70~80% 가까이 되지만, 그렇다고 독점 기업으로 횡포를 부렸다고 보긴 어렵다고 판

결했어요. 왜냐하면 새로운 도전자가 계속 나오고 있고, 시장이 원활하게 작동중이라고 판단한 거지요. 독점을 보는 견해가 많이 달라지고 있어요. 우리나라도 공정거래위원회라는 기관에서 이 같은 독점규제 및 공정거래에 관한 법률을 실질적으로 운영하며 시장을 감독하고 있습니다.

최태성 지금 현실에서는 허생이 한 행위는 독점규제 및 공정거래법 위반이에요?

박정호 그렇죠. 허생이 요즘 사람이라면 과징금을 엄청 물 거예요.

최태성 훗날 허생이 무역도 하거든요. 일본 나가사키에 가서 쌀도 팔고 그러잖아요.

박정호 〈허생전〉에서는 독점 기업의 횡포도 목격할 수 있지만, 허생이 막대한 부를 창출하고 얻는 데 있어 국내 소비자뿐 아니라 해외 소비자를 대상으로 한 기회가 있다는 걸 보여줬다고 보심 될 것 같아요.

최태성 허생 이야기가 국내에선 사재기를 했고, 국외에선 무역을 했다는 두 가지로 압축되네요.

최태성 무역이 나오는 부분에서 재밌는 게 뭐냐면, 허생이 무역으로 백만 냥을 벌었지만 재물이 너무 많으면 다친다면서 10만 냥만 무인도에서 들고 나와 변씨에게 가서 빚을 청산해요. 허생은 독점으로 큰돈을 벌었지만, 돈을 번 이후의 행동이 도덕적인 측면에서 평가받을 수 있지 않나 생각합니다. 사재기하면 욕심 많고 돈을 움켜쥐고 있는 모습만 생각하는데 허생은 그런 모습을 보여준 건 아닌 것

같거든요.

박정호 박지원이 보여준 허생의 마지막 모습은 산업혁명 이후 태동했던 전 세계적인 거대 재벌, 철강왕 카네기(Andrew Carnegie, 1835~1919)나 철도왕 밴더빌트(Cornelius Vanderbilt, 1794~1877) 등과 닮아 있어요. 카네기는 문화예술의 발전을 위해 자신의 이름을 딴 '카네기 홀'을 만들었고요. 카네기와 밴더빌트는 각각 카네기 멜론과 밴더빌트라는 대학교를 세웠죠. 또 다이너마이트를 발명한 노벨(Alfred Bernhard Novel, 1833~1896)도 마찬가지예요. 그는 벌어들인 돈으로 노벨상을 제정해 인류의 과학 발전에 기여하고 있거든요.

최태성 아까 말씀하신 MS사의 빌 게이츠 같은 경우도 천문학적인 금액을 사회에 기부를 하고 있지요. 그러고 보니까 박지원이란 사람이 허생을 통해서 한 명의 독점 자본가의 모습을 보여주었네요. 대단합니다.

박정호 경제를 공부하고 나서 우리 역사를 돌아볼 때면 이 시대에 어떻게 이렇게 생각할 수 있었나 감탄하곤 합니다.

독점 기업에 숨은
다양한 얼굴

최태성 그렇다면, 독점은 무조건 나쁜 건가요?

박정호 이제부터 가장 중요한 이야길 하겠습니다. 두 가지를 먼저 말씀드리고 싶어요. 독점이 독점 기업의 횡포 때문에 나쁜 거라고 말하는 이유는 독점 기업으로 인해서 시장이 지속적으로 발전할 수 있는 기회가 사라지기 때문입니다. 이렇게 생각해보세요. 치열한 경쟁 끝에 시장에서 자리를 잡았어요. 그런데 경쟁을 또 하고 싶겠습니까? 안 하고 싶거든요. 그러니까 새로운 도전자가 신제품이나 혁신적인 내용으로 사람들에게 더 큰 편의성을 제공할 수 있는 길을 막아버리는 거예요. 독점 기업이 계속 발전하면 상관이 없는데, 독점하고 나면 나태해지거나 발전이 지속되지 못하는 거죠. 이걸 '독점 기업의 비효율성'이라고 해요. 그리고 독점은 시장 상황을 교란시켜서 경제가 건강하게 지속적으로 발전하는 걸 막는 부정적인 효과도 있고요. 이런 이유로 일단 독점이라고 하면 느낌이 안 좋죠. 그런데 독점 기업의 초창기의 모습을 살펴보면, 많은 경우 우리에게 새로운 선택권을 제공해주는 측면이 많았어요.

최태성 독점인데 어떻게 선택권을 줄 수 있죠?

박정호 잘 생각해보세요. 퍼스널 컴퓨터를 원활하게 쓸 수 있는 운영체제를 MS사가 처음 만들었죠. 그 덕분에 컴퓨터라는 선택권을 우리에게 준 거잖아요. 예전엔 문서로 작성하거나 타자기로 쳐서 업무를 처리했는데 이제 선택권이 하나 더 생겼고, 이게 너무 편리하니까 사람들의 의존성이 높아져서 독점화된 것이거든요.

최태성 없으면 못 살 정도가 됐죠.

박정호 그렇죠. 노벨이 만든 다이너마이트도 이런 이유로 독점 기업이 됐어요. 당시 폭약을 생산하는 다양한 회사들이 있었는데, 노벨 회사가 만든 것이 가장 성능이 좋았죠. 수요가 거기에 몰리다보니까 자연스럽게 독점이 된 거예요. 이렇게 독점 기업의 초창기에는 새로운 창조자가 혁신을 통해 시장에 새로운 선택권을 주는 측면이 많아요. 그런데 그게 사람들에게 큰 편익과 혜택을 주니까 시장을 더 꽉 잡아버리고, 그러다가 횡포를 부리게 되는 경우가 생기는 거죠. 독점 기업이 무조건 잘했다는 게 아니라 그런 과정에서 시점을 달리 하면 평가가 달라질 수 있어요.

철도를 한번 생각해보세요. 옛날에 말만 타고 다니다가 철도 시스템이 구축돼서 '이야, 철도라는 게 끝내준다.' 했더니 철도 기업이 독점을 통해 성장했잖아요. 이렇게 독점 기업은 시기상으로 봤을 땐 처음에는 인류에게 선택권을 더 줘서 번영에 기여한 측면이 많다는 거예요.

박지원이 만약에 〈허생전〉에서 국가가 허생을 잡아다가 탄압했더라면 독점 기업을 관리·감독하는 초창기 모델만 제시한 것에 그쳤을 가능성이 높아요. 그런데 요즘 경제학자들은 독점 시장에 대한 하나의 대처 방안으로 'Let it be.' 즉, 그냥 내버려두라고 말해요. 얼핏 이해가 안 가시죠? 독점 시장을 관리 감독하겠다고 이래라 저래라 하다보면 그 과정에서 발생한 비효율성으로 독점 기업이 제공하던 편익이 감소한다는 거예요. 독점 기업이 형성될 수밖에 없는 상황이 있는데, 그걸 억지로 쪼개고 만지다 보니까 오히려 비효율성이 더 커졌다고 지적하는 거죠. 독점이 무조건 좋고 최고의 상황이라는 게 아니라 차선책일 될 수도 있다, 그래서 때론 독점을 허용하는 선택지도 고민해야 한다는 게, 요즘에 아주 혁신적인 경제학자들이 제시하는 이론 중에 하나예요.

최태성 완전히 새로운 관점이네요.

박정호 박지원은 〈허생전〉의 결말을 허생이 국가에 끌려가서 과징금을 무는 걸로 생각 안 해봤을까요?

최태성 아! 실제로 〈허생전〉에는 사재기를 경고한 내용이 나와요. 제가 읽어드릴게요. "이런 허생의 행위는 백성을 상대로 도둑질하는 것과 같다. 후세에 누군가 다시 쓰면 반드시 나라를 병들게 하리라."

박정호 박지원도 독점의 위험성을 경고했군요. 독점 기업이 분명히 사회에 해악을 끼치는 측면이 분명 있거든요. 물론 앞서 말했듯 시기적으로 달리 해석해야 할 부분이 있다고도 생각하고요. 모든 독점 기업을 국가가 관리해야 하느냐면, 그건 아닐 수 있어요.

최태성 창조적 행위 자체를 막을 수도 있으니까 말예요.

박정호 반면 위험도 분명히 있기 때문에 우리나라뿐 아니라 전 세계 거의 모든 나라가 독점을 규제한다, 이렇게 보시면 됩니다. 그렇지만 그게 나쁘다고만 단정할 순 없다는 거예요. 우리나라 정부가 독점을 잘 활용한 특이한 사례가 있는데요. 콜라병, 사이다병 등을 막는 병뚜껑이요. 그 병뚜껑을 아무나 못 만드는 거 알고 계셨어요?

최태성 그냥 음료 회사에서 만든 것 아닌가요?

박정호 병뚜껑을 만드는 회사가 지금은 네다섯 개 업체로 늘긴 했는데요.

최태성 그것밖에 없다고요?

박정호 네, 초창기에 병뚜껑 만드는 회사는 하나였어요. 유리를 쇠로 안 깨지게 감싸는 것이 고도의 기술이어서 그런 게 아니고요, 정부에서 일부러 병뚜껑을 만드는 회사를 하나로 정해놓은 거예요. 독점하게끔 말이죠. 이유가 궁금하시죠? 이게 바로 '주세(酒稅, liquor tax)' 때문이에요. 주류에 매기는 세금이 주세인데요, 주류가 유통되는 과정에서 불법으로 조제된 게 너무 많고, 탈세도 심하게 발생했어요.

최태성 그래서 정부에서 뚜껑 개수를 세기로 했군요?

박정호 맞습니다. 뚜껑 개수만 세면 몇 개가 어디로 팔렸는지 정확히 알 수 있잖아요? 그래서 회사를 하나만 만들어놓고 거기서 뚜껑 개수만 세는 거예요. 어느 회사의 어느 제품이 몇 개 나갔는지 속일 수가 없죠. 기가 막히죠. 전 세계에서 이걸 보고, '아, 너희는 어떻게 이런 생각을 했니.' 하며 지금은 몇 나라가 벤치마킹했어요.

최태성 세금을 정확히 걷기 위해서 독점 기업을 활용한 사례네요.

박정호 독점 기업을 이용해 조세를 정확히 징수한 거죠. 지금은 이런 회사를 네다섯 개로 늘렸어요. 독점 기업이 부패할 수 있으니까요.

최태성 독점이 세금과도 연결이 되네요. 과세와 탈세를 조정하기 위해 독점 기업을 활용할 수도 있군요.

박정호 그렇습니다. 경제라는 개념을 어떻게 적용하느냐에 따라 약이 될 수도 있는 거예요. 독점을 무조건 나쁘다고만 할 수 없다는 걸 말씀드리고 싶었습니다.

최태성 재밌네요. 〈허생전〉이 쓰여진 조선 후기엔 상인들이 굉장히 많이 등장해요. 기본적으로 조선 시대는 중농억상(重農抑商) 정책을 폈어요. 즉, 농업을 중히 여기고 상업을 억제한다는 것이거든요. 성리학에선 상업하는 사람들을 별로 좋아하지 않았죠. 그런데 조선 후기에 상업이 굉장히 많이 발달하잖아요. 그러면서 상평통보와 같은 화폐도 등장하는데, 이런 산업의 발달 과정을 박지원은 허생이라는 인물과 상업 발달의 정점이랄 수 있는 사재기 이야기를 통해 보여준 것 같아요.

박정호 맞습니다. 어떤 시장이든 성장하면서 승자들이 독점화해 가는 구조를 보이거든요. 박지원은 그런 모습을 조선 후기에서 보고, 그걸 소설에 투영한 것이죠.

최태성 만약 박지원이 조선 전기에 태어났다면 이런 소설이 나올 순 없었을 것 같아요. 혹시 '식민지 근대화론'이라는 역사관이 있는데요. 조선은 농업 국가에 불과한 나라였는데, 일제 강점기에 일본이 우리나라를 식민지화하면서 자본주의가 그때야 싹트기 시작했다는 식민 사관을 말해요. 그런데 〈허생전〉 속 허생을 보면 이미 조선 후기에는 자본주의의 맹아가 활발하게 싹트고 있었단 걸 알 수 있고, 또 조선 후기의 굉장히 생동감 있었던 경제 상황을 보여주는 인물이란 생각이 듭니다.

박정호 제대로 정리해주셨어요. 허생은 독점을 실제로 활용한 데까지 간 인물이거든요.

최태성 허생의 사재기 행위만 볼 게 아니라, 그가 독점 자본가로서 그 이후에 펼친 행보까지 살펴본다면, 건강한 경제 주체의 롤 모델로도 생각해 볼 수 있지 않을까 생각합니다. 그렇다면 허생에 견줄 만한 경제학자는 없을까요?

박정호 시장에 대한 정확한 상황을 진단하는 경제 이론을 제시한 사람 중에 폴 사무엘슨(Paul Samuelson, 1915~2009)이 있어요. 사무엘슨은 경제학에 손을 대지 않은 분야가 없습니다. 시장의 전반적인 상황을 저울질할 수 있는 다양한 초창기 이론을 만들었는데, 아마 사무엘슨에게 〈허생전〉을 영어로 번역해서 보여줬다면 아주 기막혀하며 흐뭇한 미소로 '한국의 선조들이 참 경제적 식견이 높구나.' 했을 것 같아요.

최태성 만약에 허생이 환생한다면, 어떤 주제로 경제학 이론을 펼쳤을까요?

박정호 독과점과 관련된 시장 상황을 어떻게 개선할 것인가, 혹은 어떻게 발전시킬 것인가를 바라보는 원리 등에 대해 쓰지 않으셨을까요? "내가 장사를 해봤더니 이래. 그걸 이론화하면 이렇게 될 거야." 하면서 개념 정의도 멋지게 해주셨겠지요.

최태성 독점에 관한 건강한 방향성도 제시해줄 것 같고요.

박정호 음…… 요즘으로 치자면, 부자세를 주장했을 것 같습니다. 사회적 혹은 경제적으로 높은 지위를 가진 사람이 행하는 도덕적 실천인 '노블레스 오블리주(noblesse oblige)'에 대해서도 의견을 개진했을 테고요.

최태성 사회적 기부를 아우르는 멋진 경제학 논문이 나오겠는걸요.

박정호 오늘도 유익하셨나요?

최태성 네, 무척요. 오늘은 허생의 사재기와 독점에 대해 경제학 관점을 갖고 조선 후기를 바라보는 시간을 가졌습니다. 다음 시간에 더 흥미로운 이야기를 또 기대해보도록 하겠습니다.

4
광해,
조세의 역할을
뒤엎다

광해군이 살았던 시대와 그의 생애

1575	**선조 8** 조선의 14대 왕 선조의 둘째 아들로 태어남.
1592	18세 나이에 왕세자로 책봉됨. 임진왜란(1592~1598)이 시작되다.
1597	노량해전에서 이순신 장군이 사망함.
1608	선조가 사망하고, 왕으로 즉위. 경기도에 대동법을 시범적으로 실시.
1609	임진왜란 이후 단절된 일본과의 국교를 회복하고 통상 재개.
1610	허준이 《동의보감》 25권을 지어 바침.
1611	정인홍이 이언직·이황을 비판한 '회퇴변척' 발생.
	이 사건을 계기로 광해군 정권은 사림과의 대립 관계가 첨예화됨.
1613	'계축옥사' 발생.
	정인홍, 이이첨 등 대북파가 광해군의 이복동생인 영창대군을
	왕으로 옹립하고 반역을 도모했다는 구실로
	소북파의 우두머리이자 영의정인 유영경을 사살함.
1614	대북파의 모함으로 유배된 영창대군이 증살됨.
1618	명의 원병 요청을 강력히 거부함.
	영창대군의 생모 인목대비를 서궁(西宮)이라 낮춰 부름.
1619	명의 거듭된 요청에 파병한 강홍립의 조선군이 패전.
1623	인조반정으로 왕에서 폐위되다.
1624	이괄의 난 발생.
1627	'정묘호란' 발생.
1636	'병자호란' 발생.
1637	인조, 청나라 태종에게 항복함.
1641	**인조19** 유배지였던 제주도에서 사망함.

조선의 제15대 왕, 광해군은 많은 사람들에게 '폭군'의 이미지로 남아있습니다. 그런 그가 경제학자라니요? 의아하실 분도 많겠지요. 광해는 임진왜란 때 세자로 책봉되어 나라가 혼란한데도 적지 않은 공을 세웠습니다. 함경도와 전라도 등지에서 군수품과 의병을 모집하고, 군량미를 모으는 데에도 큰 역할을 했지요. 광해는 왕이 되고 난 이후에도 전란으로 파괴된 나라의 복구 사업에 힘을 쏟았고, 토지대장과 호적을 정리하여 국가 재정 수입을 늘렸습니다. 하지만 무엇보다 그가 시행한 가장 중요한 업적은 조세제도, 대동법입니다. 이번 시간엔 이 대동법이 당시에 어떤 상황 속에서 태동했는지, 그것이 향후에 조선 사회에 어떤 변화를 가져왔는지 등에 관해 이야기 나눠보겠습니다.

최태성 광해군은 비운의 정치인이었어요. 서자 출신은 '적장자 상속'에는 해당되지 않는 왕이 되기 어려운 위치인데, 그가 왕이 될 수 있었던 건 바로 임진왜란 때문이었죠. 전란으로 굉장히 위급한 상황이라 선조와 함께 나라를 이끌 누군가가 필요했거든요.

박정호 아, 최 선생님. 이야기를 계속 이어가기 전에 궁금한 게 있어요. 다른 왕과 달리 왜 광해는 끝에 '군(君)'을 붙이죠?

최태성 '군'이라는 호칭은 임금이기는 하지만 중간에 정변이 일어나 쫓겨난 임금에게 붙여요. 조선 시대엔 반정이 두 번 있었어요. 중종반정(1506)과 인조반정(1623)입니다. 중종반정으로 연산이 쫓겨났고, 인조반정으로 광해가 쫓겨났어요. 그래서 그 두 임금 이름 뒤에는 '군'이 붙게 된 겁니다. 광해는 임진왜란으로 왕위를 계승할 수 있는 자격을 얻었지만 광해가 세자에 보위된 14년째에, 조정에 새로 온 어린 왕비였던 인목왕후와 선조 사이에 적장자가 태어났죠. 바로 영창대군입니다. 조선의 왕실 역사를 공부하다 보면 왕 또는 왕자는 언제든지 죽을 수 있는 자리가 아닌가 싶어요.

박정호 절대 안전한 자리가 아니죠.

최태성 내가 적장자가 아니라면 누구든지 다른 사람이 내 자리를 차지할 수 있기 때문이죠. 이는 평민의 관점과 다른 것 같아요. 비록 같은 피를 나눈 건 아니지만 아버지는 같으니까, 자기 형제를 죽인다는 건 쉬운 게 아니잖아요. 하지만 형제를 죽이지 않으면 내가 죽을 수밖에 없는 상황들이 왕실에서는 벌어지죠. 광해군은 이복동생인 영창대군을 증살(蒸殺), 즉 방에 가둬서 뜨거운 불로 쪄서 죽여요. 그러고는 영창대군의 어머니인 인목대비를 폐위시켜버리죠. 광해군을 인간적인 면모나 윤리적인 잣대를 들이밀어 평가한다면, 이는 분명 약점이 될 만한 내용입니다. 하지만 우리가 주목해야 하는 건 그럼에도 광해군은 경제 정책 중에서 '대동법'을 출발시켰단 말이죠. 이제부터 대동법에 대해 이야기를 해봐야겠습니다.

박정호 임진왜란과 대동법, 대체 역사적으로 무슨 관계가 있는 거죠?

최태성 굉장히 중요한 부분을 짚어주셨는데요. 임진왜란이 발생했을 때, 당시 임금이었던 선조가 제일 먼저 도망갔어요. 성리학에서 임금은 본래 백성을 자식처럼 아끼고 보호해줄 의무가 있는데 도망을 쳤으니 전쟁이 끝났을 때 지배층을 바라보는 백성들의 시선이 싸늘할 수밖에 없었습니다. 이런 상황 속에서 정권을 유지하려면 양보해야 하는 것들이 생겨요. 대표적으로 감세 정책이 있잖아요? 아마도 그래서 임진왜란에 대동법을 내놓은 게 아닐까, 전 이렇게 해석하고 있습니다.

박정호 그전에 세금은 다양하게 받은 걸로 알고 있습니다.

최태성 네, 그렇습니다. 조선 시대 농민들의 3대 세금 납부 의무가 뭐였냐면 전세, 공납, 역, 이렇게 세 가지거든요. 전세는 자기 토지에서 나오는 생산물의 일부를 내는 것이고, 공납은 그 지역의 특산물을, 역은 노동력을 내는 거예요. 지금도 국방의 의무가 있듯이 자신의 노동력을 의무적으로 제공해야 하는 거죠. 이 세 가지 의무가 있었는데, 임진왜란 발발 직전에 이 세금 체계가 문란해졌어요. 특히 공납이 가장 큰 문제가 됐는데, 공납은 지역의 특산물을 내야 하니까 여간 어려운 게 아니었어요.

박정호 특산물을 내는 게 제일 쉬워 보이는데요?

최태성 특산물은 계속 균일하게 나올 수가 없잖아요. 예를 들면, 제주
도의 특산물이 뭔가요? 귤이에요. 제주도에 또 뭐가 많죠? 바람이
많이 불잖아요. 바람이 불어 귤이 다 떨어지면 세금으로 낼 게 없
어지죠. 공납은 이렇게 지속가능하지 못하고, 불안정한 면이 있어
요. 농민들이 그래서 공납을 내기 힘들었는데, 그래서 이것을 대행
해주는 서비스를 하는 사람들이 생겨났어요.

박정호 아, 공납을 대행해주는 업이 생긴 거군요!

최태성 이런 걸 보면 예전이나 지금이나 삶의 모습이 비슷한 것 같아요.
바로 이들을 방납(防納)업자라고 합니다. 여기서 '방'은 '막을 방(防)'
자예요. 공납을 막아주는 사람이라는 거죠. 그런데 방납업자와 지
방관이 결탁하면서 폐단이 발생합니다. 지방관에서 농민이 직접
공납하면 '상했네', '상품이 안 좋네' 하면서 안 받는 거예요. 대신
방납업자의 물건을 가져오면 받는 거죠. 그리고 방납업자에게 지
방관이 돈을 받으니까 농민들이 힘들어질 수밖에 없었죠. 임진왜
란을 전후한 16세기에 방납의 폐단이 극심해졌습니다. 이런 시대
상황이 대동법을 탄생시킨 배경이라고 볼 수 있어요.

박정호 그렇다면 대동법은 기존 조세제도의 문제점을 해결하는 새로
운 제도란 말씀인데, 어떤 방식으로 조세를 걷었나요?

최태성 특산물은 워낙 다양하니까 이를 단일화시키는 거죠. 바로 '쌀'
로만 내는 거예요. 물론 쌀로 못 내는 지역은 동전이나 옷감을 내

기도 했지만, 어쨌든 대동법은 기본적으로 쌀로 세금을 내는 조세 제도예요. 토지 1결당 12두의 쌀을 내면 됩니다.

박정호 이 부분이 실질적인 감세 제도로써 기능을 한 거네요.

최태성 여기서 바로 감세로 이어질 수 있다고요? 어떤 측면에서 가능하죠?

박정호 일단 이걸 기억해두시면 좋을 것 같아요. 조세에는 '**실효세율**' 이라는 게 있습니다. 예를 들어 회사가 이익을 얻었을 때 내는 세금인 법인세의 법인세율이 얼마, 개인의 이득에 대해 내는 세금인 소득세의 소득세율이 얼마라고 정해졌다 하더라도 실질적으로 내는 세금은 다를 수 있다는 얘깁니다. 우리가 냈던 세금을 연말에 다시 돌려주는 경우가 많이 있으니까요.

최태성 그렇지요.

박정호 세금을 물리려면 과세를 매기는 기준이 있어야 하겠죠. 이것을 '**과세표준**'이라고 하는데요. 과세표준 중에는 실제로 소득을 얻었지만 교육을 위해 썼다든가 병원을 갔다든가 하는 지출 부분은 아예 소득에서 빼버려요. 그리고 나서 나머지만 가지고 과세를 매기니까 실제로 내는 세금이 줄어들겠죠. 그래서 법으로 명시된 세율과 실질적으로 내가 부담하는 실질세율은 다릅니다. 아까 선생님께서 정확히 설명해주셨는데요. 대동법 시행 전에는 이렇게 다양한 방법으로 조세를 냈고요. 하지만 세금이 징수 과정에서 방납 때문에 실제 부담이 더 높았던 게 사실입니다.

최태성 방납업자의 횡포가 어마어마했죠.

박정호 여러 조세제도로 인해 발생하는 시간이나 비용 문제도 있었겠죠. 그런데 이를 간편화해서 쌀로만, 그것도 무조건 토지 1결당 12두라고 세율을 딱 정해놓았다는 건 실제로 세금을 낮춰준 것이나 마찬가지입니다. 방납업자의 횡포를 막고, 또 다른 형태로 재산 손실의 여지를 방지해주었죠.

최태성 그런데 지금 연구원님은 기층민의 입장에서만 말씀하셨어요. 왜냐하면 옛날의 공납 기준은 집집마다 똑같이 내는 거였거든요. 그러니까 토지가 있건 없건 모두 다 세금을 냈지요. 하지만 대동법은 토지가 없으면 세금을 낼 필요가 없어요. 거꾸로 보면 토지를 많이 가진 사람들 입장에선 감세가 아니었던 거죠. 토지가 많으면 많을수록 세금도 많이 내야 하니까요. 그래서 기층민의 입장에선 감세지만 지배층, 토지를 많이 가진 사람 입장에선 증세가 되는 겁니다.

박정호 그럴 수 있죠. 그렇게 과세의 기준을 바꾸다 보니까 토지를 많이 가진 사람에겐 더 많은 과세를 매기기도 합니다. 그런데 우리가 통상적으로 증세냐 감세냐 할 때는 방금 말씀하신 것처럼 누구에겐 감세고 누구에겐 증세인 경우도 많거든요. 대동법도 무조건 감세는 아니겠네요.

세금을
어떻게 거둘 것인가

최태성 대동법이 1결당 12두의 세금을 내는 조세제도란 말이에요. 그런 걸 현대의 경제 개념으로 설명이 가능한가요?

박정호 물론 가능하죠. 일단 세금의 체계를 이해하실 필요가 있는데요. **누진세**와 **비례세**를 먼저 말씀드리는 게 좋겠네요.

최태성 좀 어려운 용어가 등장했어요. 누진세와 비례세, 어떤 개념이죠?

박정호 이렇게 보시면 됩니다. 비례세는 연봉이 3천만 원인 사람도 세금을 10% 내고, 연봉이 1억인 사람도 10% 내고, 연봉이 3억인 사람도 10% 내는 거예요.

최태성 예를 들어 어떤 게 있을까요?

박정호 물품에 부과되는 여러 세금이 있잖아요.

최태성 부가가치세 같은 거요?

박정호 그것도 그렇고요, 특별세도 거기에 해당돼요. 이건 뭐냐면 가난한 사람이나 부유한 사람이나 물건을 하나 살 때 부여되는 세금이 똑같잖아요. 그렇지 않습니까?

최태성 그걸 비례세라고 한다는 말씀이죠?

박정호 네, 이렇게 세율이 똑같은 걸 비례세라고 합니다. 그런데 누진세는 어떻게 하냐. 연봉이 천만 원인 사람과 1억인 사람, 10억인 사람이 세금을 똑같이 내면 안 된다는 취지에서 나왔어요. 소득 구간이 올라갈수록 더 많은 비율로 세금을 징수하는 거죠. 그럼 1결당 12두, 이건 누진세냐 비례세냐 헷갈릴 수 있어요. 어떨 것 같으세요?

최태성 애매한데요. 1결당 12두라고 정해져 있는 기준이 있는 건데, 이걸 누진세로 보긴…… 좀 헷갈리는데요?

박정호 정확히 말씀하셨어요. 누진세는 아닙니다. 왜냐면 토지를 1결 가지고 있는 사람은 12두를 내는데, 10결 가지고 있는 사람은 120두를 내잖아요? 그럼 똑같은 세율이 매겨지는 거니까. 그런데 누진세는 그렇게 내면 안 되죠. 1결에는 12두를 징수하지만 10결에는 120두 이상은 내야 누진세를 적용했다고 볼 수 있어요.

최태성 네, 그래야 누진세가 되는 거죠. 이해됐어요.

박정호 당시엔 선진적인 누진세 기법을 도입했던 경우는 많지 않아요. 누진세는 세계대전 이후에, 지금 우리가 누진세라고 정확하게 지칭할 수 있는 형태가 목격되고요. 그때 누진세보다도 세율을 조정함으로써 백성들의 부담을 덜어준다든가, 아니면 양반의 부담을 늘린다든가 하는 게 가능했어요. 광해는 조세를 부과하는 근거를 토지로 잡았기 때문에, 그것을 통해서 양반 계층에게 더 많이 징수했던 것이죠.

최태성 그렇습니다. 대동법은 토지를 많이 가진 사람이 더 많은 세금을 내야 했으니까 당연히 많이 가진 사람이 저항했고, 그래서 시행까지 100년이란 시간이 걸렸죠.

박정호 '근거과세의 원칙'이라는 게 있습니다. 세금을 통해서 우리가 기대하는 목적 중 하나는 국가의 재원을 확보하는 것도 있지만 균등한 소득분배를 조정하는 기능도 있거든요. 그런데 누진세와 같은 현대적인 조세 징수 기법은 세계대전 이후에 나온 거니까 이전에 그런 균등한 소득 재분배 기능의 모습은 없었어요. 조선에서 조세를 부과하는 근거를 살짝 바꿔서 그 기능을 했던 적이 있는데,

여기서 잠깐! TAX

근거과세의 원칙이란?

납세의무자가 장부와 이에 관계되는 증거자료에 의하여 과세 요건을 확정하여야 한다는 원칙을 말합니다.

광해는 유럽의 '창문세'보다 먼저 이를 시행한 거예요.

최태성 창문세요?

박정호 느낌이 딱 오시죠. 뭐에 대해 세금을 낸 거겠습니까? 창문을 근 거로 세금을 매긴 겁니다. 그 당시엔 유리 창문을 만들어 집에 단 다는 건 굉장히 사치였어요. 부유한 귀족의 대저택에는 창문의 개 수가 그만큼 많았죠. 그래서 창문을 가지고 세금을 매긴다는 건 누 진세를 적용하는 것과 똑같은 효과를 불러왔어요. 창문세를 부과 했더니 과세 근거를 없애려고, 있던 창문을 없애버리거나 기형적 인 창문도 생겨났죠. 밖에서 보면 창문이 하나인 것 같은데 안에서 보면 창문이 두 개인 경우도 있었어요. 이런 식으로 세금을 회피하 려는 온갖 방법들이 생겨납니다. 그런데 광해는 조세 회피를 쉽게 할 수 없도록, 양반들이 분명하게 많이 소유하고 있는 토지를 바탕 으로 조세제도를 개정했다는 거죠. 대동법은 임진왜란 이후 피폐 해진 백성들의 삶을 어루만져주려는 임금 광해의 마음이 아니었 을까요.

또 하나 재미있는 게, 명확한 기준이 설정됐단 말이죠. 이는 국가 재정을 투명하게 하고, 예측이 가능하게 되었다는 것을 의미합니 다. 예를 들어, 제주도에 바람이 많이 불어서 귤 수확량이 줄었단 말예요. 공납으로 세금을 거두면 그해 국가 재정이 힘들어질 수 있 잖아요?

최태성 대동법은 그런 문제를 해결해주겠네요.

박정호 맞습니다. 국가에서 토지 상황은 어느 정도 가늠할 수 있지만 특산물 산출량은 가늠하기 어렵지요. 토지를 바탕으로 안정적인 세수를 확보할 수 있게 된 거예요. 더불어 내년에 어떻게 예산을 쓰겠다, 이런 예측도 가능해졌어요.

최태성 지금 말씀하신 대로 광해가 시행한 대동법은 소득의 재분배 기능도 하고, 국가 재정을 안정적으로 운영할 수 있는 길도 열어줬다고 평가할 수 있겠네요. 재정을 안정시키기 위해 요즘 시행되는 세금 부과 방식엔 어떤 것들이 있나요?

박정호 지금 우리나라 국세청에서 세수를 확보하는 데 가장 결정적으로 기여하는 세목이, 조세 저항 없이 가장 원활하게 조세를 징수하면서도 세원으로 많은 비중을 차지하는 **부가가치세**입니다.

최태성 부가가치세요? 펜 같은 걸 사면 부과되는 세금이요?

박정호 맞아요. 부가가치세는 어떤 물품이 거래되고 부가가치가 창출되는 과정에서 일정 비율을 세금으로 내는 겁니다. 많은 분들이 부가가치세를 10%로 알고 있는데, 우리나라 법규에서는 범위에 따라 구획하고 있습니다. 단지 10%가 계산하기 편하잖아요. 1,000원이면 1,100원, 이런 식으로 부가가치세가 얼마나 붙는지 알 수 있어서 통상적으로 10%를 준용해 왔죠. 그런데 부가가치세는 조세 저항이 없어요. 떠올려보세요. 이 펜 사셨잖아요? 사실 때 부가가치세 때문에 원통해하신 적 없으시죠. 음료수 하나를 사서 마실 때도 그렇고요. 이런 부가가치세는 대표적인 간접세예요. 즉, 돈을 내는 사람과 그것을 국세청에 납부하는 사람이 다르단 의미입니다. 내가 세무서나 국세청에 세금을 내러 가면 그 행위 과정에서 세금을 냈다는 걸 인지하잖아요? 그런데 물품에 붙는 부가가치세는 그 물건을 판 가게 주인이 정기적으로 부가세를 신고할 때 국가에 내거든요. 내가 직접 납세 행위를 안 했으니까 간접세고, 그래서 부가가치세는 조세 저항이 덜한 거예요.

최태성 그런데 국가 재정이 간접세에 너무 치우치면 국가가 역할을 제대로 하는 것 같진 않아요.

박정호 그럴 만한 이유가 있습니다. 국가를 운영하는 데는 엄청난 돈이 들잖아요. 부가가치세가 우리나라의 세원 확보에서 차지하는 비율이 그때마다 조금씩 다르긴 한데 30% 이상인 경우가 많아요. 이 세목 하나가 엄청난 일을 하는 거죠.

최태성 너무 많은 것 아닌가요?

박정호 박정희 대통령이 이걸 처음 생각해낸 이유가 있습니다. 경제를 발전시키려면 사회간접자본(SOC라고도 함. 국민 경제 발전의 기초가 되는 도로, 항만, 철도, 통신, 전력, 수도 따위의 공공시설.)을 구축해야 하잖아요. 도로도 건설하고 다리도 지어야 하는데 돈이 너무 많이 드는 겁니

여기서
잠깐!

직접세와 간접세

직접세는 국가가 납세 의무자에게 직접 징수하는 조세를 말합니다. 소득세, 법인세, 상속세, 부당이득세, 재산세 등이 있습니다. 간접세는 세금을 납부할 의무가 있는 납세자와 세금을 최종적으로 부담하는 조세 부담자가 다른 조세를 말하며, 부가가치세, 주세, 관세, 등록세, 통행세 등이 있습니다.

다. 국민에게 세금을 많이 걷기도, 기업에 세금을 많이 부과하기도 어려우니까 그렇다면 우리가 안정적인 세원을 확보하는 방법이 뭘까 고민해서 찾은 해결법이 부가가치세였던 거예요. 그래서 국가에 필요한 여러 활동들에 대한 경비를 확보하려고 이 조세정책을 사용했습니다. 그 당시에는 굉장히 혁신적이고 국민과의 마찰 없이 경제 발전에 필요한 재원을 확보하는 데는 큰 도움이 됐죠.

최태성 지금은 박정희 대통령 시대와는 다르잖아요.

박정호 이제는 세원을 쓰는 목적이 좀 다른 것 같아요. 예전에는 경제를 발전시키고 공장을 짓고, 과학기술을 개발하기 위해서 세원이 많이 필요했어요. 그런데 지금 세원이 가장 필요한 이유는 복지 정책 때문입니다. 양극화도 심해지고 고령화가 심화되면서 국가가 지출해야 할 부문들이 늘어났어요. 그렇다면 이러한 비용을 충당할 세금을 어디에서 가져올 것이냐 하는 문제가 남았죠.

최태성 제 이야기는 직접세가 되어야 하지 않겠냐.

박정호 그러니까 세금 더 내실 거냐고요. 하하

최태성 많이 버는 사람은 많이 내야 하지 않나요? 그렇지만 고민이 좀 되겠네요. 간접세와 직접세의 비율을 어떻게 하느냐에 대한 논란도 있겠구요.

박정호 세금은 언제든 뜨거운 감자예요.

최태성 그러니까 대동법이 전국적으로 확대되는 데 100여년이 걸렸죠. 과거에도 그랬는데 지금이야 오죽하겠어요.

박정호 어느 조세학자가 "세금을 피할 방법은 죽음뿐이다."라고 했어요, 좀 무섭지 않아요? 세금이라는 건 우리가 태어나 죽을 때까지 우리에게 항상 붙어 다니고 피할 수가 없는 것 같습니다.

공인,
상품화폐 발달을 이끌다

최태성 대동법이 국가 재정과 시스템을 잡는 데 큰 역할을 했다고 말씀하셨는데요. 그에 못지 않게 그 사회에 많은 변화를 가져왔어요. 그와 더불어 역사 시간에 다루는 중요한 내용 중 하나가 **공인(貢人)**의 등장입니다. 대동법을 시행하면서 세금을 쌀로 냈단 말이죠. 그런데 임금께서 쌀만 드셨겠습니까. 국가가 필요한 물건들을 사와야 한단 말이에요. 그 과정에서 쌀을 가져다가 물건을 구매해 오는 사람이 등장하는데, 이들이 바로 공인이죠. 공인의 등장은 상품화폐의 발달을 가져왔습니다. 이걸 조금 더 경제적으로 설명해주시죠.

박정호 아주 중요한 내용을 짚어주셨어요. 상거래 활동이 원활하게 일어나면 그것이 경제활동의 시초가 될 수 있거든요. 정부가 운영하는 관시장이든, 민간시장이든 시장을 원활하게 한 가장 큰 변화의 시발점이 대동법이었어요. 쌀이 화폐의 대용 수단이 되니까 나전칠기는 얼마에 사고, 과일은 얼마에 사고, 이런 거래가 자연스레 쌓이면서 상거래가 발달하고, 유통이 생기고 숙박업이 생기고, 다시 금융업이 생기고 했던 거죠.

최태성 국가에서 대량으로 물건을 사들이니까 자급자족으로 필요한 것만 만들었던 예전에 비해 대량으로 물건을 공급해주는 공인이 필요해졌단 말이기도 하죠.

박정호 그렇죠. 대동법은 조세제도로서만 의미 있는 게 아니라, 그 이후에 우리의 경제활동 방식과 메커니즘을 완전히 바꾸어버린 가장 큰 변화의 시발점으로 볼 수 있어요.

최태성 그렇군요. 우리가 광해군을 교과서로 접할 때 영창대군 증살이나 인목대비 폐위 등 정치적인 측면만 주로 이야기하잖아요. 아니면 중립외교가 언급되는 정돈데, 대동법이라는 광해가 시행한 경제 정책이 조선 후기의 경제를 변화시키는 데 엄청난 역할을 한 거네요.

박정호 또 경제가 바뀌면 신분제도가 급변합니다. 조선은 양반 다음에 중인, 그다음 상민, 천민, 이렇게 되어 있는 신분 사회잖아요? 그런데 경제가 발전하면서 상민 중에서 양반 못지않게 떼돈을 버는 사람이 생겨난 거죠. 그들이 '양반, 그거 뭐 사면되는 거 아냐?'라고 생각하면서 신분제도가 흐트러지게 됩니다.

최태성 마침 전쟁이 끝나서 이를 복원하려면 국가도 재정이 필요했고, 그 돈을 확충할 방법이 필요했죠. 공명첩이라는 양반직을 사고파는 방법이 생겨날 수 있었던 배경인 셈입니다.

박정호 구매력이 있는 사람이 있어야 공명책이 의미가 있었겠죠. 마침 상거래 활동을 하는 사람 중에서 거대한 부자들이 나오게 됩니다. 거부들이 돈을 주고 양반이 되어버린 거예요. 서양 사회 역시 마찬가지입니다. 상공업이 발달하는 산업혁명 이후 기업가나 회계사, 언론인 등의 신진 계층이 생겨요. 이들에게 귀족은 별것 아니거든요. 자금력이 있고 배운 것도 많으니까 신분제가 흔들리면서 민주화가 이뤄진 거예요. 그리고 다양한 소비자가 있으니 새로운 문화 예술의 향연이 생기는 거고요.

최태성 아, 시험에 잘 나오는 조선 후기의 특징이 서민 문화의 성장이거든요.

박정호 맞습니다. 신윤복과 김홍도가 이런 시대를 살았던 인물들 아닌가요?

최태성 네, 맞아요. 풍속화의 대가들이죠. 이들이 탄생할 수 있었던 배경은 광해의 대동법이 가져온 사회의 변화가 문화에까지 영향을 미쳤다는 걸 기억해야 돼요.

박정호 그러니까 우리가 정책 하나를 만들거나 도입할 때, '이걸로 얼마가 벌리는가'에만 머무르면 제대로 된 정책 입안이 아니라는 거

여기서 잠깐!

공명첩이란 무엇일까?

나라의 재정을 보충하려고 부유층으로부터 돈이나 곡식을 받고 팔았던 양반 임명장입니다. 양란 이후에 조선은 돈이 부족해져서 이를 메우기 위해 곡식을 받고 양반직을 주는 '납속책'을 시행했지요. 양반이 되었다고 하여 실제로 관리로 일하는 건 아니고, 명예직 정도의 양반 노릇을 했다고 볼 수 있습니다. '이름이 비어있는(空名)' 양반 임명장이라 하여 공명첩이라 불렀습니다. 공명첩이 생기면서 국가는 재정을 확충했고, 신분제도는 흔들리게 되었습니다.

예요. 이 정책으로 사람들이 어떻게 반응할지, 그것에 대해 어떻게 대응할지를 고민해야 돼요. 어떤 일이 벌어질지 이게 다 맞물리는 것이니까요. 조선 후기 문화예술 작품 중에서 특히 고귀한 것들 많지 않습니까? 그동안 문화를 향유하지 못했던 계층들이 드러나게 되면서 비약적으로 발전했던 거예요.

최태성 그렇죠, 예전엔 양반들만 예술을 창작했으니까요.

박정호 영화 〈광해〉를 보시면 광해 옆에 항상 서 있는 사람 있잖아요. 그 신하가 혹시 누군지 기억하십니까?

최태성 허균이었죠.《홍길동전》을 쓴 작가죠.

박정호 《홍길동전》이 어떤 작품인가요. 서민들이 즐겨 읽을 수 있는 내용이잖아요. 대동법은 조세제도만 바꾼 게 아니라, 조선 후기의 사회상 전체를 뒤흔든 시발점이었다. 이것이 바로 광해의 무서운 점이에요.

최태성 네, 오늘 이렇게 광해의 대동법을 통해 조선 후기 경제 정책을 살펴봤는데요. 광해는 오늘날에도 크게 시사점을 주는 경제학자로서의 면모를 가진 사람이 아닌가 생각이 들었습니다.

박정호 저도 동의합니다. 임진왜란 이후 떨어졌던 국운을 다시 번성시켜 서민의 문화예술을 창궐하게 한 조세제도, 대동법을 만든 광해는 경제학자라 칭해도 부족함이 없죠.

최태성 자, 광해가 지금 대통령이 된다면 어떤 정책을 펼칠까요?

박정호 아까 말씀드린 것처럼 부가가치세 같은 걸 도입하셨을 것 같아요.

최태성　저는 소득세와 법인세를 올렸을 것 같아요.

박정호　그것도 가능하죠. 현명하게 세원을 소득 확보해서 양극화도 해결하는 관료가 되지 않으셨을까 싶어요.

최태성　이런 결론, 저런 결론을 생각해보면서 경제적 마인드를 기르고, 경제를 보는 관점을 다양화시키면 좋지 않을까 싶습니다. 광해를 통해서 경제 원리를 살펴볼 수 있던 좋은 시간이었어요. 다음 시간에도 우리 역사에 숨겨진 훌륭한 경제학자를 소개해주시면 감사하겠습니다.

박정호　오늘도 고생하셨고요, 저도 감사합니다.

5
세종,
한계효용을
거스르다

세종대왕의 업적과 생애

1397	**태조6년** 태종 이방원의 셋째 아들로 태어나다. 이름은 '충녕'.
1398	이방원의 난(1차 왕자의 난)
1400	이방원의 난(2차 왕자의 난)
1408	충녕군에 책봉됨. 태조 이성계가 승하하다.
1418	세자 양녕대군이 폐위되어 광주로 추방되다.
	태종의 양위를 받아 조선왕조 제4대 임금이 됨.
1420	집현전을 설치하고, 학문을 연구하도록 함. 군사제도를 개편하다.
1429	조선의 농서 《농사직설》을 편찬하게 함.
1432	우리나라 최초의 지리책 《팔도지리지》를 편찬하게 함.
1433	혼천의를 만들었으며, 《향약집성방》을 펴냄.
1434	박연에게 아악을 정리하게 하고, 악기를 개조. 물시계(자격루)를 만들게 함.
1437	김종서에게 여진족을 토벌하여 6진을 설치하게 함.
1442	세종의 명으로 이천과 장영실이 '측우기'를 발명함.
1443	훈민정음(28자)를 창제.
1445	권제, 정인지 등이 훈민정음으로 된 《용비어천가》를 지음.
1446	훈민정음을 반포함.
1447	숭례문을 개축함.
1449	《석보상절》, 《월인천강지곡》을 간행함.
1450	52세의 나이로 영응대군의 집 별채에서 승하하다.

세종대왕은 우리나라 역대 왕들 중에서도 가장 존경받은 인물로 손꼽힙니다. 정치나 문화, 사회적으로 그의 업적은 높게 평가되곤 하는데, 이분이 경제학자라고 생각하는 사람은 거의 없지요. 하지만 **세종대왕이 역사에 남긴 훈민정음과 측우기, 《농사직설》 등은 경제학적으로도 많은 연구 가치가 있습니다.** 이 안에 숨겨진 경제 원리를 알고 나면 세종대왕이 얼마나 현대적으로도 유효한 가치를 지닌 인물인지 깨닫게 됩니다. 요즘 한창 이슈가 되고 있는 '빅데이터'나 '복지'와 관련된 키워드를 세종대왕의 업적에 찾을 수 있다면 믿어지시나요? 어떻게 이것들이 경제 개념과 연관되는지, 지금부터 그 이야기를 시작해보겠습니다.

최태성 오늘은 경제학자로서의 세종이란 말이죠. 어떤 부분을 살펴보면 될까요? 정말 궁금해요.

박정호 세종은 국가 전반을 아우르는 분이잖아요. 특히 복지와 관련된 주제들인 보건, 교육, 환경과 연관지어 살펴볼 수 있고요. 이런 전반적인 분야에서 어떻게 경제 원리를 효과적으로 적용해야 성과를 극대화할 수 있는지 아주 정확하게 짚어내십니다.

최태성 어떻게 연결될까요?

박정호 이분은 무엇에 우선순위를 두고, 무엇을 가장 먼저 해야만 이 짧은 임기 동안 조선이라는 시작한 지 얼마 되지 않은 국가의 초석을 공고히 다질 수 있을지 고민하셨어요. 특히 복지 정책에 있어서는 시장 실패와 관련된 부분이 많거든요. 정부가 시장에 개입을 하는 이유는 민간에서 시장이 스스로 잘 작동되지 않으면 정부가 직접 나서서 시장에 개입하는 경우가 많습니다. 외부 효과라든가 공공재라든가 이런 일련의 시장 실패 문제들을 세종이 해결하셨다고 보시면 됩니다.

최태성 그런 전문적인 용어들이 세종의 정책과 연결된단 말씀이세요? 정말 기대가 되네요. 일단 들어가기 전에 세종의 삶에 대해 이야기해봐야겠죠. 세종은 짧은 재임 기간 동안 굉장히 많은 성과들을 내놓았다고 말씀하셨는데요. 세종은 52세에 세상을 떠납니다.

박정호 생각보다 일찍 돌아가셨네요.

최태성 그렇죠. 그런데 이미 40대가 되면서부터는 거의 일을 못 하셨죠. 건강이 좋지 않으셨어요. 세종대왕은 몸무게가 100kg 정도 되는 거구였어요. 고기는 좋아하셨는데, 채소는 안 좋아하셨다고 해요.

박정호 세종의 영정을 본 적이 있는데, 그렇게 풍채 있어 보이진 않던 데요?

최태성 요즘으로 치면 성인병도 많이 앓고 그러셨어요. 그 짧은 기간에 정력적으로 일하신 분이셨죠. 일단 세종의 아버지부터 볼까요? 세종의 아버지가 누군가요? 왕자의 난을 일으킨 태종 이방원이잖아요. 왕위를 이어받기 위해 아버지인 이성계와도 갈등을 빚고, 형제들을 숙청했던 분이죠. 이방원이 아들이 많았는데 첫째가 양녕, 둘째가 효령, 셋째가 충녕이에요. 충녕이 세종대왕이죠. 그중에 아버지를 제일 닮은 사람이 누구였는지 아세요?

박정호 제가 정확히 알고 있습니다. 제가 세종대왕이 주인공인 그 드라마를 자주 봤거든요. 하하 첫째 아들입니다.

최태성 맞습니다. 태종 이방원이 무사적 기질이 있잖아요. 걸걸하고 호방하고 그런 모습을 양녕이 그대로 닮았는데, 오히려 그래서 이방원이 양녕대군을 안 좋아했어요.

박정호 아, 자기가 아버지를 공격했던 것처럼 아들이 그럴까봐 경계한 건가요?

최태성 그건 아니고요. 하하 이방원은 창업(創業, 나라나 왕조 따위를 처음으로 세움)의 시대는 자신의 대에서 끝나야 한다고 생각했어요.

박정호 조선이 앞으로 나아갈 방향을 잡은 거군요.

최태성 그렇죠. 자신의 후대에는 수성(守成, 조상들이 이루어 놓은 일을 이어서 지킴)의 시대로 나아가야 한다고 봤어요. 이런 정치적 안정을 이루기까지 태종 이방원이 손에 피를 엄청 묻히잖아요. 정치적 안정은 이뤄놓았고 그다음부터는 사회와 문화를 융성해야 하는데, 자기를 닮은 양녕은 그런 재목이 아니라고 여겼어요. 그래서 결국 양녕을 폐위시키고 충녕을 세자로 책봉합니다. 그래서 세종이 짊어진 의무감이 광장히 컸지요. 정치적 안정이 이루어졌고 그 바탕에서 문화적 융성을 이뤄야 하니까 자신의 책임이 무엇인지에 대해 고민이 많았겠단 생각이 듭니다.

박정호 이렇게 문화나 복지를 융성하게 한 왕들의 전대에는 항상 나라의 기틀을 다진 왕들이 계셨던 것 같아요. 고구려 장수왕 이전에는 광개토대왕, 신라 진흥왕 이전에는 법흥왕, 조선에선 세종 이전에 태종이 있었네요.

최태성 네, 맞습니다. 세종의 경제 분야의 업적을 보면 여러 가지가 있습니다. 그중에 가장 큰 업적이 '생산력'을 엄청나게 향상시켰단 거예요. 조선 시대엔 토지를 조사하고 기록한 장부를 책자로 만들었는데, 이를 '**양안**'이라고 했어요. 양안을 보면 토지 결수가 조선 시대 전체를 통틀어 가장 높은 축에 속해요. 생산력을 증가시킨 방법들을 살펴보면 세종의 업적이 정말 굉장합니다. 예를 들면, 농사를 지으려면 농법을 알아야 하잖아요? 그리고 농법을 많은 사람들에게 알려주려면 농서가 필요했겠죠. 그전에 농서라고 하면 모두 중국에서 들여온 것뿐이었어요. 세종이 봤을 때 중국의 토양과 기후가 조선과 다른데 어째서 우린 중국의 책을 봐야 하느냐 싶었던 겁니다. 우리 땅에 맞는 농법을 쓰면 생산력이 증가될 것이라고 생각해 만든 농서가 바로 《농사직설》입니다. 놀랍죠?

박정호 저도 국가 정책 연구에 참여하면서 《농사직설》은 참 많이 봤어요. 세종이 만드셨단 건 지금 알았네요.

최태성 또 농사를 지을 때는 천문과 기후, 또 그것들을 예측하려면 시기를 표시한 달력이 중요하잖아요. 어느 때가 되면 씨를 뿌리고, 어느 때가 되면 뭘 해야 하는지 알아야 하니까요. 그 당시 달력도 마찬가지로 중국에서 건너온 걸 썼단 말이죠. 그래서 세종은 한양을 기준으로 칠정산(七政算)이란 조선의 역법을 새롭게 만들어요.

박정호 왜 칠정산이죠?

최태성 월화수목금토일. 이 7가지의 천체 운행을 보여주는 거예요. 또 농사를 지으려면 비의 양을 측정해야겠죠?

박정호 그래서 측우기가 나온 건가요?

최태성 네, 맞습니다. 연구원 님, 근데 측우기 보신 적 있으세요?

박정호 그럼요. 국립중앙박물관에 있잖아요.

최태성 측우기를 보면서 뭘 느끼셨어요?

박정호 이게 측우기구나 하는 걸 느꼈습니다. 하하

최태성 전 측우기를 처음 봤을 때 이게 뭐가 대단하지? 그냥 깡통이잖아요. 이 깡통이 뭐가 그리 대단할까 싶었는데, 측우기는 깡통이 중요한 게 아니라 거기 담긴 빗물의 양을 데이터베이스화했다는 게 아주 중요해요. 빗물의 양을 기록해두었다가 이맘때쯤이면 비가 얼마 오겠다고 예측할 수 있는 기구를 만든 게 정말 대단한 일이에요. 그런 면에서 보면 정말 세종의 경제 정책은 철저하게 우리

식, 우리 토양에 맞는, 그리고 우리 농민에게 도움이 될 수 있는 데에 기반을 두고 만들어졌어요. 세종이 경제 정책 입안자로서 정말 중요한 역할을 하셨지요.

박정호 정확히 짚으셨어요. 어떤 경제 현상이나 복지 문제, 이런 것들이 정확히 제대로 바람직한 형태로 나아가게 하려면 실태를 파악하는 게 우선되어야 하거든요. 예를 들어, 의사가 환자가 얼마나 아픈지 모르는 상태에서 약을 줄 수는 없잖아요? 말 그대로, 경기가 얼마나 좋은지 안 좋은지, 물가가 얼마나 높은지 이런 것들을 정확히 알아야 그걸 고치기 위해서 어떤 투자를 얼마 만큼 해야 하는지 결정할 수 있거든요. 그러기 위해서 선결되어야 할 게 여러 경제지표들 즉, 경제 관련 통계들을 알아야 해요. 세종은 얼마 만큼의 빗물이 측우기에 측정되었더니 생산성이 높아졌다든가, 아니면 생산성을 높일 수 있는 제반 환경을 정확한 지표로 측정해서 그걸 바탕으로 의사결정을 내릴 수 있게 했어요.

최태성 데이터베이스화한 내용들이 경제적으로 연결된단 말씀인가요?

박정호　네, 우선 경제학은 크게 기초적인 부분에서 두 가지로 나뉘는 데요.

최태성　그게 뭔가요?

박정호　보통 미시경제학과 거시경제학으로 나뉘죠. 거시경제학은 개별 주체가 아니라 국가 전반의 경제 현상을 다루는 경제학입니다. 거시경제학의 중요한 테마 중 하나가 경제지표예요. 노동이나 경제, 무역과 관련한 통계 등이 그것이지요. 왜냐하면 국가는 개인이 아니라 전반적인 현상을 확인해야 하기 때문에 통계를 집계하고 이를 수치화해야 합니다. 이것이 거시경제학 공부의 출발점이거든요. 세종은 국가 체계를 잡기 위해 이런 작업을 했죠.

최태성　거시경제학자의 모습을 세종이 보여준 거군요.

박정호　그렇습니다. 국가를 다스리기 위해서는 기초적인 통계가 있어야 한다는 걸 이미 아셨던 거죠. 대단한 분이세요.

훈민정음 속에 숨은 경제 원리는?

최태성　사실 세종 하면 여러 정책들이 있지만 가장 놀라운 게 한글창제잖아요. 훈민정음이 경제적으로 연결은 안 되겠죠?

박정호　엄청 연결됩니다. 훈민정음은 여러 분야에 걸쳐 이야기할 거리가 무척 많아요. 하지만 오늘은 복지 측면에서 말씀드리려고 합니다. 가장 놀라운 건요, 어떤 재화나 서비스가 발명되면 한계효용을 체감한다고 흔히 이야기합니다.

최태성 어려운 용어가 나왔습니다. 한계효용 체감이 무엇인가요?

박정호 간단히 말하면 이렇습니다. 특정 재화나 서비스를 반복해서 소비하면 내가 느끼는 만족도는 점점 떨어지겠죠. 콜라를 처음 마실 때의 청량감과 두 모금 마셨을 때 강도가 조금 떨어집니다. 갈수록 청량감은 사라지고 포만감만 생기죠. 이런 현상을 **'한계효용의 체감 법칙'**이라고 합니다.

최태성 쓰면 쓸수록 만족도가 떨어진다는 거죠?

박정호 맞습니다. 그런데 만약 국가가 국민을 위해 뭔가를 발명하고 그걸 국민들이 쓸 수 있게 한다면, 한계효용이 체감되는 경우에 효용이 떨어지겠죠? 그런데 훈민정음은 정말 특이하게, 한계효용이 체증하는 몇 안 되는 발명품 중 하나입니다.

최태성 한계효용이 증가한다고요?

박정호 네, 쓸 때마다 증가합니다. 처음 우리가 언어를 배우고 쓸 때를 떠올려보세요. 익숙하지 않고 불편하고, 내게 편익을 주는 게 아닌 숙제에 불과했잖아요. 그런데 우리 고유의 언어인 한글은 쓰면 쓸수록 어떤가요? 큰 만족과 편의성, 즐거움 등 여러 가지 가치를 제공하잖아요. 그러니까 사람들이 쓰면 쓸수록 한계효용이 체증하는 독특한 발명품이죠.

최태성 그렇게 연결이 되는군요.

박정호 이렇게 국민들이 더불어 쓰면 쓸수록 점점 그 기쁨과 편리성이 늘어나는 재화들을 개발해서 무료로 배포하는 것이 국가가 해야 하는 역할이죠. 세종이 선택한 최대 발명품이 바로 문자였다는 게, 경제적인 파급효과 측면에서 굉장히 놀라워요.

최태성 훈민정음이 한계효용 체증과 연결이 되고, 그리고 국가는 그런 일을 해줘야 한다는 것. 소름이 돋는데요?

박정호 역사 속에 등장하는 정책 입안자들이라든가 정치가들 중에는 단지 자신의 치적을 내세우기 위한 업적을 쌓은 사람들이 많을 겁니다. 그런데 한글에는 임금이 백성을 위하는 진정성이 담겨 있어요. 한글은 세계적으로도 가장 우수한 문자로 알려져 있습니다. 세계문자학회에서는 2009년과 2012년 2회 연속으로 전 세계 문자 중 한글이 가장 우수하다고 선정했고요. 소설 《대지》의 저자이자 노벨문학상 수상자인 펄 벅(Pearl Buck, 1892~1973)은 세계에서 가장 경이로운 문자가 한글이라고 말하기도 했지요. 훈민정음은 지구 상에서 가장 많은 발음을 표기할 수 있는 음성 문자거든요. 그리고 OECD 국가에서 우리나라가 문맹률이 가장 낮습니다. OECD에 우리나라 문맹률 수치를 보여주면 아무도 안 믿어요. 조사가 잘못된 거 아니냐고 반문하죠. 한글이 그만큼 빨리 배우고 체득할 수 있도록 만들어진 문자라는 말이거든요. 진정성 있게 제대로 만들어서 지금까지도 후대가 자랑거리로 여길 수 있는 문자를 만드신 겁니다.

최태성 훈민정음은 당시뿐만 아니라 현재까지도 한계효용이 계속 어마어마한 양으로 늘어나고 있는 거죠.

박정호 경제학에선 이런 이야기를 많이 합니다. 경제학자는 '뜨거운 가습과 냉철한 이성을 가져야 한다.'라고요. 세종대왕은 백성을 뜨겁게 사랑하셨던 것 같아요. 그렇지 않고선 그분의 업적을 설명하기란 어렵죠. 훈민정음은 **외부 효과**라는 경제 개념으로도 설명이 가능합니다.

최태성 잠시만요. 한계효용 체증은 이제 완전히 이해했어요. 그다음, 외부 효과요? 이건 뭐예요?

박정호 간단합니다. 어떤 경제활동을 했을 때 그 경제활동에 참여한 당사자만 이익이나 손해를 경험하게 되는데, 어떤 경제활동은 그 활동에 참여하지 않은 엉뚱한 사람에게도 이익이나 손해를 미치기도 하지요.

최태성 예를 한번 들어주시겠어요?

박정호 만약 최 선생님이 피자 한 조각을 드셨어요. 이건 소비라는 경제활동으로, 이는 최 선생님에게 여러 영향을 미치죠. 기쁨이 늘었다든가 포만감을 느꼈다든가 지출이 있었다든가. 이건 최 선생님 말고 다른 사람들에겐 아무 영향을 못 미치잖아요.

최태성 네, 제가 피자를 쏜 건 아니니까요. 하하

박정호 한번 쏘세요. 하하 그런데 만약 최 선생님과 제가 한동네에 살고 있는데 선생님께서 자율방범으로 동네 치안을 지키셨다고 해봐요. 이건 선생님의 노동력을 동네 치안에 제공한 거잖아요. 그렇게 동네가 안전해지면 그게 선생님에게만 영향을 미치나요? 아니죠. 같은 동네에 사는 저도 편의를 받지요. 덕분에 도둑도 안 들고, 마을 안전도 높아지고요. 이처럼 제3자에게 이익을 줄 수도 있는 경제활동도 있다는 겁니다. 대표적으로 교육이나 환경오염 등에서 사례를 많이 찾을 수 있어요.

최태성 그럼 외부 효과는 무조건 긍정적인 건가요?

박정호 긍정적인 경우, 부정적인 경우 모두 있습니다. 환경오염의 경우 공장주가 환경을 오염시키려 의도한 게 아니라 돈을 벌려고 하다가 의도치 않게 그런 결과가 발생하지요.

최태성 외부 효과는 그럼 의도성이 없는 건가요?

박정호 네, 의도성이 없어야 합니다. 의도하지 않은 상태에서 일어나야 해요.

최태성 아, 의도하지 않게 일어났는데 그 결과가 제3자에게 긍정인 영향이냐, 부정인 영향을 미치느냐를 보란 말씀이시죠.

박정호 네, 정확히 이해하셨어요. 그런데 정부는 긍정적인 외부 효과는 시장 기능으로 자연스럽게 일어나게 내버려두면 생산이 잘 안 돼요. 치안과 국방을 정부가 안 해줬다고 생각해보세요. 시장에서 자율적으로 누가 나라를 지키겠다고 나서겠습니까? 안 하거든요. 이건 굳이 내가 하지 않아도 누군가 나라를 지키면 그 혜택을 나도 보게 되잖아요. 그러니까 너도 나도 누군가는 하겠지, 이렇게 되는 거예요. 그래서 이런 긍정적인 외부 효과는 시장에 자율로 맡겼을 때 일반적으로 생산이 잘 안 돼요. 그래서 정부가 해줘야 하는데, 그런 것 중 하나가 교육입니다. 교육을 받는 이유가 뭐겠어요? 최 선생님은 왜 학창 시절에 공부를 잘하셨어요?

최태성 열심히 했냐고 물어보셔야지 잘했냐고 물어보시면 제가 당황

스럽잖아요. ㅎㅎ 음, 먹고살려고요.

박정호 제가 바라던 이야길 해주셨어요. 인류와 국가의 번영을 위해서 공부했다 이런 말씀을 하셨으면 곤란했을 텐데. 왕ㅎㅎ 맞습니다. 일반적으로 경제학에서 교육이라는 건 자신의 노동 가치를 상승시키기 위한 하나의 밑바탕이다. 이렇게 바라보는 관점이 있어요.

최태성 굉장히 경제적이네요.

박정호 네, 인적 자본이라는 나의 경제적 가치를 높이기 위해서 교육을 받았는데 그 과정에서 내가 이론을 만들어내고 발명품을 만들어냈다면 개인에게만 파급효과가 있는 게 아니라 전 인류, 전 국가의 구성원에게도 파급효과가 매우 크지 않겠습니까? 특히 교육은 정부 지원이 가장 많이 일어나는 분야예요. 훈민정음은 교육의 밑거름이죠. 사람들을 교육시키려면 문자를 해석해야 하잖아요. 세종대왕은 교육을 위해 가장 먼저 해야 할 일을 아셨던 거죠.

세종,
복지의 선구자가 되다

박정호 하나가 더 있어요. 아까 시장 실패 개념을 말씀드렸잖아요? 시장 기능이 제대로 작동하지 않으면 적극적으로 정부가 개입해야 한다고 말씀드렸는데, 이는 대부분 '**복지**'와 연관되어 있어요. 복지 정책엔 비용이 많이 들잖아요. 그런데 훈민정음은 최소의 비용으로 극대화된 효과를 얻었지요.

최태성 세종은 대단한 경제학자였네요.

박정호 훈민정음은 공공재잖아요. **공공재는 배제성도 없고 경합성도 없는 자원을 말해요.** 예를 들어, 최 선생님이 아이스크림을 드시면 그걸 다른 사람들이 못 누리겠죠. 반면, 치안이나 국방 같은 독특한 재화들은 최 선생님이 누리신다고 해서 제가 못 누리냐? 아니죠. 공공재는 누가 생산만 해주면 모두가 누릴 수 있기 때문에 아무도 생산을 안 해요. 대표적으로 문자는 누가 발명했다고 다른 사람은 그걸 못 누리나요? 아니잖아요. 누가 문자를 많이 사용했다고 제가 덜 쓰나요? 아니거든요. 공공재 역시 정부가 책임지고 제공하는 경우가 많습니다.

최태성 복지 쪽은 어때요?

박정호 어떻게 보면 이런 게 복지의 밑거름이에요. 복지에 대해선 최 선생님이 저에게 해주실 이야기가 있죠.

최태성 세종 시대의 복지를 현재의 복지 관점으로 접근하는 것엔 한계가 있지만, 정부 입장에서 보다 많은 사람들이 복지 혜택을 누릴 수 있는 정책을 많이 펼친 건 사실이에요. 혹시 '관비(官婢)'라고 혹시 들어보셨어요?

박정호 제가 또 드라마 〈추노〉를 열심히 봤습니다. 하하

최태성 노비(奴婢)에서 노(奴)는 남자노비, 비(婢)는 여자노비를 말해요. 이를 합쳐서 '노비'인 거잖아요. 그러니까 관비는 관가에 속해서 일하는 여자노비를 말하죠. 세종이 업무를 보고 있는데 관비가 아기를 낳고 일주일 만에 복귀한 거예요. 아직 부기도 안 빠졌는데

일주일 만에 복귀해서 일한다는 게 어떨지 사실 지금도 그런 일이 일어나고 있지요. 생각해보세요.

박정호 요즘은 큰일 납니다. 불법으로 잡혀가요.

최태성 그렇습니다. 당시 세종은 이를 안타깝게 여겨 관비의 출산휴가를 무려 7일에서 100일로 늘려줍니다. 게다가 아기 낳기 전에 한 달 동안은 출산을 준비하라고 총 130일의 휴가를 준단 말이죠. 더 놀라운 건, 관비의 남편에게도 아내가 아이를 낳을 동안에 같이 쉬라고 출산휴가를 한 달이나 줬어요.

박정호 현대 복지 정책에서도 배우자 동반 휴가는 거의 근래에 나온 거예요.

최태성 그러니 당시로선 훨씬 더 파격적인 일이었겠죠. 그런데 이런 부분도 아까 말씀하셨던 외부 효과와 연결이 가능할까요?

박정호 그럼요. 복지국가가 많은 북유럽에선 '정시 퇴근'을 법제화하자는 운동이 있었습니다. 그 이유가 국가가 지속적으로 성장하려면 부모가 자식들의 높은 지적 수준이나 역량을 갖추기 위해 교육에

여기서 잠깐!

배제성과 경합성이란?

생산자들이 소비자들에게 대가를 지불하지 않은 사람을 해당 서비스나 재화의 사용에서 제외할 수 있는 특성을 '배제성'이라고 합니다. 한 사람의 소비가 늘어난 만큼 나머지 사람들의 소비가 줄어드는 재화나 서비스의 특성을 '경합성'이라고 해요.

힘써야 한다는 거죠. 그래서 일하는 것만 가지고 계량화해서는 안 되고 자식들과 같이 있을 시간을 줘야 한다는 운동이 일어났어요. 그게 법제화에 반영도 됐고요. 그런데 이걸 세종대왕이 먼저 한 거 잖아요. 아이가 건강하게 태어나고, 아기가 가장 위태로운 시기에 부모가 옆에서 지켜준다는 건 지금의 모습과 거의 똑같아요.

최태성 그럼 세종의 복지 정책과 관련해서 외부 효과를 극대화시킬 수 있는 방법엔 뭐가 있을까요?

박정호 개인이 의도한 것보다 사회적으로 더 큰 이익을 가져다주는 행위들은 자꾸 권해야 하잖아요. 그래서 그런 행위에 국가가 보조금을 주거나 그 행위가 지속적으로 일어날 수 있도록 국가에서 이를 법으로 보장해줍니다. 예를 들어 뭔가 긍정적인 행위에 대해서는 국가가 자꾸 보조금을 주면서 더 할 수 있게 해주는 거예요. 건강이란 건, 나에게도 유익하지만 다른 사람에게 병균을 옮기지 않기 때문에 긍정적인 외부 효과가 있지 않습니까? 대표적으로 사례로 독감이 있지요. 독감 주사를 보건소에서 맞으면 싼 거 아시죠? 그게 다 정부 보조금이 지급되기 때문이에요.

최태성 아, 비용이 발생하네요. 이런 정책에선 적자와 흑자를 어떻게 구분하나요?

박정호 적자 혹은 흑자라고 딱 잘라서 판단하기가 어려운 부분이 있어요. 예를 들어 얼마의 비용이 투여됐다는 걸 분명히 알 수 있잖습니까? 그런데 저 한 사람이 독감에 안 걸렸기 때문에 얻을 수 있는 경제적 이득을 따지기란 쉽지 않습니다. 제가 주사를 맞아서 독감을 덜 옮기게 됐잖아요. 독감에 걸릴 사람들이 줄어듦으로써 얻게 되는 경제적 편익을 따로 계산하기 어려운 거죠.

최태성 정부의 경제 정책이라는 게 숫자만으로는 계산하기 어렵단 말씀이시네요.

박정호 하지만 분명한 건 아까 말씀드렸듯 긍정적 외부 효과가 일어나는 분야는 법으로 보장하거나 보조금을 줘서 지속해야 하고요. 부정적 외부 효과가 일어나는 분야는 세금을 물리는 거예요. 세금까지 내려면 돈이 더 들어가니까 못하도록 막는 거죠.

최태성 세종이 실시한 정책이 굉장히 많은데요, 이것도 한번 봐주실래요? **'양로연'**은 80세 이상의 노인들을 궁궐로 초청해서 연회를 푸는 정책이었고, 100세까지 사신 분들에게는 쌀이나 옷을 내리기도 했지요. 이걸 현재의 노인 정책과 연결해서 볼 수 있을까요?

박정호 당연하죠. 우리나라는 1981년에 노인복지법을 처음 만들었어요.

최태성 그걸 몇백 년 전에 시행하신 세종대왕은 정말 대단하네요.

박정호 현행 노인복지법은 국가에서 운영하는 문화예술 관련 행사 등에서 고령자는 입장료를 좀 싸게 해줍니다. 노인 신분증을 보여주면 공공 교통수단에서 무료로 탑승할 수도 있고 이는 노인에게 복지 차원에서 국가가 혜택을 준 건데, 이런 제도는 최근에 와서 구축된 개념이에요. 세종이 그걸 하셨단 거죠. 양로연, 이건 드라마로 만들어지지 않아서 처음 들어보네요. 하하

최태성 연금 제도도 복지에서 이슈가 많이 되잖아요.

박정호 맞아요. 현재 노후 소득대체율은 65세일 경우엔 50%, 70세 이

상은 40%, 75세 이상은 35%에 불과해요. 젊었을 때 벌었던 돈의 반의 반, 이 정도밖에 못 버는 거죠. 노인 빈곤층 문제도 그렇고 노인복지를 어떻게 제도적으로 완비할 것인가가 큰 과제인데요. 복지 정책의 문제가 뭔지 잘 아시잖아요. 막대한 돈이 든단 말이죠. 그래서 최근엔 복지 정책을 과거와 달리 무조건 '어떤 요건이 되면 돈을 준다.'라는 식으로 추진하지 않아요. 그런 복지 정책을 흔히 '주저앉히는 복지 정책'이라고 하죠. 자꾸 돈만 타먹고, 자발적으로 이 상황을 벗어나려 노력하게 유인하지 못하는 복지 정책이라는 거예요.

쉬운 예로 실업에 관한 복지 정책이 있어요. 직장에 다니다가 그만두고 새로운 일자리를 얻기 전에 실직 상태가 되면 수입이 없잖아요. 그러니까 빨리 취직하려고 울며 겨자 먹기로 자기가 원하지도 않고 자기 개성에 맞지도 않고 관심 분야도 아닌 곳에서 일하게 돼요. 그러면 당연히 생산성이 떨어지겠죠. 그런데 잠시 실직 상태일 때 국가에서 돈이 나오면 나락으로 떨어지지 않을 뿐 아니라 더 좋

여기서 잠깐! **소득대체율이란?**

경제활동 은퇴 전 소득 대비 은퇴 후 소득이 어느 정도인지를 나타내는 지표예요. 연금제도의 연금수령액 수준이나 노후소득의 적정성을 논할 때 언급되는 지표입니다. 예를 들어, 국민연금 소득대체율은 국민연금 가입자가 받는 연금이 은퇴 전 소득의 몇 퍼센트에 해당하는지 보여주는 비율이라 할 수 있습니다.

은 일자리를 얻을 쾌적한 상황이 되잖아요. 그래서 실업 관련 복지 제도가 나라마다 있는 거예요. 그런데 실직이라고 무조건 돈을 주면 어떻게 되겠어요? 새로운 직장을 구하려는 노력을 적극적으로 할까요? 안 할 가능성이 높겠죠. 실직 상태로 계속 있어도 국가에서 계속 돈이 나오니까 구직활동을 하려던 사람도 좀 더 쉬자, 이럴 수 있잖아요.

최태성 충전하는 걸 수도 있잖아요.

박정호 물론 충전도 좋지만 그게 자칫 나태로 바뀔 수도 있으니까요. 과거에는 실직 상태에 있는 사람에게 무상으로 '생활비로 쓰십시오.' 하고 국가에서 일정 금액의 기초생활비를 줬어요. 그랬더니 사람들이 적극적으로 구직하는 행위를 안 하는 거예요. 이것이 과거의 주저앉히는 복지 정책이고, 최근엔 일으켜 세우는 복지 정책을 펼쳐요. 이제는 '실직 수당을 받으려면 구직 활동을 하세요.' 하면서 실업 급여를 주지요. '적극적으로 알아보고 있는데 아직도 제가 찾는 직업을 못 구했습니다.'라는 구직 활동에 대한 증빙을 보여주면 국가가 '열심히 하고 계신데 못 구하셨군요.' 하면서 '기초생활비를 드릴 테니 더 찾아보십시오.' 이렇게 되는 겁니다. 기초 생활 수급자인 분들이 있잖습니까. 생활이 안 되는 극빈층으로 그분들에게도 국가에서 복지 정책 차원에서 돈을 줬어요. 그런데 이분들이 스스로 일해서 굴레에서 벗어나려고 하질 않는 거예요.

최태성 못하는 거 아닐까요? 안 한다고만 하시면 너무 가혹하신 거 아니에요?

박정호 아이고, 이거 큰일 날 소리를 하세요. 못하는 분도 있고 안 하는 분도 계십니다. 오해하시면 안 돼요. 당연히 못하시는 분들은 정부가 나서서 도와드려야죠. 그런데 안 하는 분, 정책을 악용하는 분들이 일부 계십니다. 실제 해외 사례를 말씀드릴게요. 어떤 일이 있었냐면, 한부모 가정의 아이는 온전한 교육을 받는 게 불편할 것 같아서 정부가 금전적으로 지원하는 복지 정책을 만들어놓았습니다. 그랬더니 돈을 타먹으려고 부부가 일부러 따로 살거나 이혼을 하더란 말입니다. 무슨 말인지 아시겠지요? 제 말은 그런 의미였어요. 선생님이 실직자이거나 기초생활 수급자여서 국가에서 100만 원을 줬다고 생각해보세요. 그런데 우연히 120만 원을 받을 수 있는 일자리를 구했어요. 그럼 20만 원을 더 받기 위해서 그 일을 하시겠어요, 아니면 집에서 가만히 앉아 100만 원을 받으시겠어요?

최태성 집에서 100만 원 받는 게 낫겠는데요. 하하

박정호 그래서 사람들이 이런 정책으로는 그 굴레에서 벗어나려 하지 않는 부분이 있다는 거예요. 정부는 이런 문제를 해결하려고 단계적으로 보조금을 줄여가요. 예를 들어 120만 원을 받게 되면 보조금을 일부 덜 주고, 150만 원을 받으면 또 그만큼 덜 주고 이것도 재정 지출이 만만치 않아요. 복지 정책이라는 게 정말 어렵습니다.

최태성 훈민정음과 양로연, 출산휴가, 이런 것들이 한계효용 체증과 외부 효과 같은 경제 개념과 연결된다는 게 실로 놀라운데요. 세종이 이걸 직접 의도하셨을까요?

박정호 분명히 알고 하신 게 맞습니다. 국고가 탄탄하지 않은 시절이

었으니 많은 사람이 효용을 누릴 수 있고 만족할 수 있는 복지 정책이 무엇일까를 찾으신 것 같아요. 아까 말씀드린 측우기, 훈민정음 창제, 그 밖에 집현전에서 만들 것들이 전부 외부 효과를 노려서 최소 비용으로 최대 효과를 얻을 수 있는 거였어요. 이중 하나만 시행했다고 하면 경제 원리를 미리 알았다고 말할 수 없는데, 일련의 족적들이 다 그래요. 그리고 노인을 위해 양로연을 열거나 사회의 가장 열외에 있다고 할 수 있는 관노들, 관비들까지도 고려했다는 건 복지 정책에서 추구해야 할 것이 뭔지, 외부 효과를 어떻게 하면 극대화할 수 있는지 정확하게 알고 계셨다고 볼 수 있어요.

최태성 지금 말씀하신 걸 쭉 정리해서 역사와 연결해 보면, 세종은 애민(愛民), 즉 백성을 사랑하는 마음이 기본적으로 있으신 분이거든요. 그 마음이 이런 정책적 결과로 나온 게 아닌가 싶네요. 훈민정음도 사실은 백성들에게 문자를 주고 싶어서 또 이런 복지 정책도 백성들을 위해서 하다 보니까, 그런 의도를 가진 경제 정책들이 나오게 된 것 같습니다.

박정호 아까 농서도 말씀하셨잖아요. 그게 다 같은 맥락인 거죠.

최태성 경제학자로서의 세종대왕은 논문으로도 나올 수 있겠는데요?

박정호 최고의 경제 이론을 활용할 줄 아셨던 경제학자이자 경제 관료였다고 이야기할 수 있겠지요.

최태성 세종을 현대로 모셔 온다면, 어떤 정책을 내놓으셨을까요?

박정호 이건 제 개인적인 아이디어입니다. 가상이니까요. 세종은 아마도 빅데이터에 관심이 많으셨을 거예요. 과거에는 데이터화하지 못했던 어마어마한 양을 처리할 수 있는 컴퓨터 기술이 생겨난 시대잖아요. 그걸 바탕으로 우리가 이전에는 전혀 알지 못했던 사실을 알게 돼요. 이를 활용한 사례 중에, 미국의 월마트는 목요일과 금요일에 기저귀랑 맥주를 패키지로 같이 팔아요. 기저귀는 아기 용품이고 맥주는 주류인데, 왜 그랬는지 의문이 생기죠. 그런데 수많은 고객들의 신용카드 결제 내역이 있잖습니까. 정말 어마어마한 양이거든요. 미국 전역에 신용카드 결제액을 조사해서 분석했더니 수요일과 금요일에는 중년의 남성이 기저귀와 맥주를 같이 산다는 걸 알아냈어요. 알고 봤더니 남성이 부인 대신에 장을 보는 경우가 많고, 기저귀를 사다가 맥주가 생각난 거죠. 그래서 그걸 붙여서 팔면 매출이 더 극대화될 거라 생각해서 패키지로 판 거예요. 빅데이터를 경제주체들에게 제공하면 그것들을 또 다른 경제적 편익과 이익을 얻을 수 있는 근거 자료로 활용하거든요. 세종이 측우기로 빗물의 양을 재서 데이터화하셨잖아요.

최태성 그것도 외부 효과?

박정호 그렇죠. 그것을 또 다른 사람이 활용하면 이익을 얻을 수 있으니까요. 저는 세종이 빅데이터 진흥원이나 빅데이터 통계청을 만드셨을 거란 생각이 듭니다.

최태성 오늘도 시간이 이렇게 지나갔습니다. 다음 시간에도 세종처럼 훌륭한 경제 이론을 갖고 계신 분들을 또 만나봤으면 좋겠습니다.

박정호 다음 시간도 기대하겠습니다. 감사합니다.

6
정도전,
국가의 개입을
말하다

정도전이 살았던 시대와 그의 생애

1342 **충혜왕 3** 홍복판관으로 재직 중이던 정운경의 맏이로 태어남.

1362 진사시에 합격함.

1366 25세에 부친상과 모친상을 한 해에 겪음. 고향인 영주에 내려감.

이 무렵 정몽주가 보내준 《맹자》를 정독함.

1371 신돈이 주살되었다는 소식을 듣고 개경으로 돌아옴.

1374 공민왕이 시해되자 이 사실을 명(明)에 고할 것을 주장하여

친원파 이인임의 미움을 사게 됨.

1375 북원(北元) 사신이 명을 협공하기 위해서 입국할 때

정도전을 영접사로 임명하자, 정도전은 사신의 목을 베겠다고 하면서

저항하였는데, 이 일로 권신들의 미움을 받아 귀양감.

1377 유배지에서 〈금남잡영〉, 〈금남잡제〉 등 여러 시문을 지음.

1383 이성계와 만나 혁명을 결의하고 김포로 돌아옴.

1388 이성계가 위화도회군으로 정권을 잡자 왕의 비서직인 밀직부사로 임명됨.

1391 50세에 과전법을 제정함. 이를 계기로 구세력의 반발이 거세짐.

1392 **공양왕 4** 요동을 정벌할 계획을 세워 명나라와 외교 마찰을 빚음.

왕명으로 《고려사》 편찬 시작.

이성계가 조선을 창업함.

1394 왕자들이 보유한 사병을 혁파하려다 갈등을 빚음.

《조선건국전》으로 조선의 통치 규범을 제시.

1398 **태조 7** 《불씨잡변》 19편을 저술하여 성리학 입국의 의지를 천명함.

향년 57세의 나이로 이방원 군사의 기습을 받아 참수당함.

정도전은 정치, 경제, 사회, 문화 등 다방면에서 조선이 나아갈 길을 제시한 '설계자'입니다. 그는 《조선건국전》, 《불씨잡변》 등을 통해 불교의 폐단을 비판하고, 새로운 나라 조선을 세우기 위해 구체적인 방안들을 제시했죠. 더욱 놀라운 점은 이러한 정책들을 이상적이고 추상적인 개념에서 논의한 것이 아니라, 정책 실현시 과다한 정부 지출이 가져올 수 있는 재정 불균형 문제까지도 짚어냈어요. 실로 조선의 설계자라는 별명이 아깝지 않은 인물이었지요. 그럼 지금부터 정도전이 조선을 어떻게 설계하고 그 과정에서 어떠한 경제학자의 면모를 보여주었는지 살펴보도록 하겠습니다.

최태성 정도전 이야기를 시작하기 전에, 먼저 그가 살았던 고려 말 사회 상황에 대해 이야기해야겠죠. 고려 말 사회의 주도 세력은 <u>권문세족</u>이었습니다. 실록의 표현에 따르면 권문세족들이 차지한 토지가 "산과 내를 경계로 했다."라고 했을 정도로, 어마어마한 크기였다고 하죠. 반면에 백성들의 삶에 대해선 "송곳 꽂을 땅도 없었다."라고 묘사했어요. 당시 권문세족 중에서 손에 꼽히게 영향력 있었던 사람 중 하나가 최영(1316~1388) 장군입니다. 또 최영 장군과 대치를 이루는 이성계(1335~1408)라는 인물이 있었죠. 최영은 당시에 수도인 개경에서 활동하는 중심인물이었고, 이성계는 동북 방면에 있는 변방 지역 출신의 상대적으로 세력이 약한 장군이었어요. 그럼 여쭤볼게요. 조선의 건국 파트너로 정도전은 왜 최영이 아닌 이성계를 선택했을까요?

박정호 개혁을 위해서 그런 것 아니었을까요?

최태성 너무 답을 바로 얘기해주셔서 재미가 없네요. 하하 🙂 당시 실세는 최영 장군이었는데 정도전이 최영이 아닌 이성계를 선택한 이유가 무척 흥미로워요. 혼자 정씨의 나라를 세우는 것도 그의 선택지 중 하나가 되었을 법한데 말이죠.

박정호 이성계의 무력을 이용하려던 게 아닐까요?

최태성 오히려 무력은 최영이 더 있었죠.

박정호 그러네요. 당시 최고의 통수권자였으니까.

최태성 당시 정도전은 권문세족에 맞서는 세력이었던 <u>신진 사대부</u>였어요. 이들은 유학과 성리학을 중심으로 형성되었는데, 이들은 주로 공부만 했지 실질적인 힘은 없었죠. 그렇다고 권력의 중심인 최영을 파트너로 선택하자니 그가 개혁적인 인물이긴 하지만 권문세족이라고 하는 기존 사회의 틀 안에 있어 세상을 뒤엎기에는 역부족이어서 그와 함께 자신의 뜻을 펼치기는 어렵겠다 판단한 것 같아요. 그래서 고려의 핵심 인물과는 거리가 먼 이성계 장군을 앞세워 세상을 바꿔보겠다고 결심한 게 아닌가 싶습니다.

무엇보다도 정도전은 이성계를 앞세워 제도뿐만 아니라 사상적인 체계까지도 바꾼 인물이었어요. 고려는 불교의 나라였지만, 조선

여기서 잠깐!

권문세족이란?

고려 전기의 문벌귀족이 무신정변에 의해 몰락하면서 대몽 항쟁 이후 새롭게 형성된 지배세력을 권문세족이라고 합니다. 기존의 문벌귀족 중 일부와 무신 정권기에 새롭게 정권을 잡은 일부 무신으로 이뤄진 세력이었지요. 이들은 관직을 세습하는 음서제를 기반으로 고위 관직에 많이 올랐고, 경제적으로는 거대한 대농장을 소유하면서 고려 말에 무소불위의 권력을 휘두르는 세력으로 성장했습니다.

여기서 잠깐!

신진 사대부란?

고려 말에 권문세족에 맞선 새로운 세력이 바로 신진 사대부였습니다. 이들은 조선을 건국하는 중추 세력으로 성장합니다. 이들은 안향이라는 인물에 의해 원나라로부터 들여온 성리학을 새로운 시대의 비전으로 삼았지요. 명분과 의리를 중시하는 성리학으로 무장한 신진 사대부는 대부분 중소 지주 출신으로, 대지주인 권문세족과 대립각을 세우게 됩니다.

은 유교의 나라였거든요. 그 변화의 한가운데에 정도전이란 인물이 있었죠.

박정호 이제부터는 제가 경제 이야기를 하려고 하는데요, 선생님께서 가장 중요한 근거와 힌트들을 다 설명해주셨어요. 고려 말 정도전이 뼈아프게 지적하던 세력 중 하나가 불교였습니다. 정도전 자신이 유학자였기 때문이기도 하지만, 불교의 폐단을 너무나도 뚜렷하게 목격한 거예요.

최태성 그러면서 정도전이 쓴 책이《불씨잡변》입니다. 이 책엔 굉장히 과격한 발언이 담겼어요. 불씨가 뭐냐면 '부처씨'라는 말이에요. 박씨, 최씨처럼 부처씨라는 거죠. 한마디로 이 책의 제목이 '부처씨의 잡변' 내지는 '부처씨의 잡소리'라는 겁니다.

박정호 공격적이네요.

최태성 이 단어 하나에 정도전이 불교를 바라보는 관점이 다 드러나 있는 거죠.

박정호 당시 베스트셀러였겠는데요? 이렇게 선정적인 제목이라니요.

최태성 그가 지적한 불교의 폐단이 뭔가요?

박정호 《불씨잡변》뿐 아니라《조선건국전》에도 나오는 이야긴데요. 직업관에 대해서 뚜렷하게 '의로운 직업'과 '의롭지 않은 직업'을 분류합니다. 정도전이 말한 의로운 직업이 뭐였냐면 관리나 선비(士), 농민(農), 상민(商)이었습니다.

최태성 이게 바로 사농공상(士農工商)이죠?

박정호 네, 정도전은 사농공상을 경제적으로 부가가치를 일으키는 사

람들이라 봤어요. 없는 물건을 만들어낸다든가 그걸 다시 효용성 있는 사람에게 전달해준다든가 하는 직업들은 전부 의롭다고 얘기했지요. 그리고 의롭지 않은 직업들이 있으니, 이것들은 억제해야 한다고 얘기하면서 이런 직업에 종사하는 사람들을 '간민(奸民)'이라고 부릅니다. 간민으로 가장 먼저 지목한 직업이 바로 승려입니다. 과장됐을 수도 있고 진짜일 수도 있는데, 고려 말 승려의 수가 10만 명이나 된다고 《불씨잡변》에 기록되어 있어요. 승려는 일반적으로 생각했을 때 근검절약이 몸에 배어있잖아요? 그런데 무슨 귀족들처럼 노비들을 부렸어요. 자신들은 승려이기 때문에 일을 할 수 없다, 거부했다고 언급되어 있습니다. 정도전은 국가 차원에서 이들이 아무런 유용함이 없다고 얘기했어요.

최태성 원래 불교가 그런 건 아닌데, 변질된 모습을 본 거군요.

박정호 그렇죠. 그리고 아까 권문세족은 시내와 산으로 토지를 구획하고 있다고 했죠? 정도전은 토지 제도에 가장 먼저 손을 대기 시작합니다.

최태성 여기서 정도전의 경제정책의 핵심이 나오는 거군요.

박정호 사찰과 권문세족이 엄청난 규모의 토지를 가지고 있으니 백성들이 일을 제대로 할 터전이 없고, 궁극적으로 백성이 자기 땅이 있어야 이러한 상황을 해결할 수 있다고 생각했어요. 《조선건국전》은 자신이 생각한 조선의 설계도를 정리한 책인데, 거기에 보면 이런 구절이 있습니다. "입는 것과 먹을 것이 풍족해야 백성이 염치를 안다."

최태성 염치라. 이거 정말…….

박정호 이거 책에 쓰인 그대로예요. 제가 맘대로 단어를 바꿀 수는 없잖아요.

최태성 아니, 이 '염치(廉恥, 체면을 차릴 줄 알며 부끄러움을 아는 마음)'란 말을 좋아해서요.

박정호 당황했잖아요. 표정을 읽을 수 있게 해주세요. 그래서 이게 무슨 이야기인가 하면요. 나라를 다스리기 위한 정치나 국방 제도가 잘 갖춰져 있다고 하더라도, 백성들이 그것을 따르게 하기 위한 가장 근원적이고 선결적인 조건은 바로 경제라는 겁니다. 오늘날에도 마찬가지죠. 대통령이나 국회의원 선거를 할 때 보면, 후보자들이 내세우는 공약 중에 경제와 관련된 내용이 거의 70%를 차지합니다.

최태성 굉장히 많네요.

박정호 국가에 대한 자신의 비전을 설계하는 데 있어 경제와 관련된 담론이 가장 중요하다는 거죠. 그만큼 국민들에게 표를 얻기 쉽고, 공감대를 형성하기 좋은 유인책이 경제 분야입니다. 지금까지도 반복되고 있는 이런 상황들을 정도전은 이미 600년 전부터 꿰뚫어본 것 같아요.

박정호 정도전은 양극화가 극심해진 고려 말 사회상의 원인을 기본적으로 차경 제도를 꼽습니다. 차경 제도가 뭐냐면, 쉽게 이야기해서 고율의 임대료를 받고 지주(地主)가 소작농에게 땅을 빌려주는 겁니다. 지주의 땅에서 농사를 짓고 소출을 지주와 소작농이 나눠 갖는

데, 이때 차경 제도의 분담 비율이 50%였습니다. 소출의 절반을 지주들, 권문세족과 승려들에게 줘야했던 거죠. 그러면서 정도전은 최초로 조선 초기에 '**공전제(公田制, 경작할 수 있는 토지를 국가에서 관리하는 제도)**'를 주장합니다. 국가에서 문제가 되는 토지 대부분을 수용한 다음 계민수전(計民授田, 인구를 헤아려 토지를 나누어 주다) 즉, 백성들에게 균등하게 나눠준다는 거예요. 백성이 직접 경작할 수 있는 자기 소유의 땅이 있어야만 양극화가 해결될 수 있다고 본 것이죠.

최태성 쉬운 이야기 같지만 거의 혁명 수준인데요?

박정호 그러니까 칼을 들고 있는 이성계와 결탁한 거죠.

최태성 이제부터 지배 계층이 소유하고 있는 토지를 국가가 다 몰수해서 일반 백성들에게 나눠주겠다는 거 아녜요. 공산주의나 사회주의 체제인데요?

박정호 당시 정도전은 만약 국가가 땅을 소유하고 있었다면 저렇게 특정 세력에게만 경제적 부가 편중되진 않았을 거라 본 거죠. 그런데 이것도 오해하시면 안 될 것 같아서 다시 설명드리자면, 지금 시장경제주의와 자본주의에서는 '사유재산'을 인정하잖아요. 그에 대한 처분과 관리도 마음대로 할 수 있고요. 그런데 현재의 자본주의 사회에서도 토지만은 마음대로 하지 못합니다. 우리나라의 토지 관련 법규를 보면 '지목(地目)'이라는 말이 나와요. 토지를 사용하는 목적을 말합니다. 예를 들어서 제가 농토를 가지고 있다고 해봐요. 거기에 마음대로 공장을 지을 수 있을까요? 안 됩니다.

최태성 절대적으로 농지로 써야 한다. 이런 건가요?

박정호 맞아요. 그리고 공장 부지로 설정되어 있는 토지에 맘대로 펜션을 짓거나 개인 소유의 아파트를 짓는다? 안 돼요. 산업 용지로 분류되어 있는 건 그렇게 못하거든요. 그리고 국립공원 근처에 땅을 가지고 있다고 맘대로 건물을 올릴 수 있냐면 그것도 안 돼요. 왜냐하면, 토지가 가지고 있는 재산의 특수성 때문이에요.

볼펜은 망가뜨렸다가 다시 만들면 그만이에요. 그런데 토지는 **비가역성**이 있습니다. 한번 어느 쪽으로 이동을 하면, 다시 원위치로 돌릴 수가 없어요. 예를 들어, 이 산이 다니기에 좀 불편한 것 같아서 헐었어요. 그런데 예전이 더 나았던 것 같다고 하면서 다시 산으로 되돌릴 수는 없거든요. 토지는 분명 개인의 사유재산이고 그 재산권을 존중해주지만, 사용 목적 등은 제한하고 있어요. 정도전이 공산주의자라기보다는 토지가 가진 이런 재산적 특수성을 알고 있었다고 말씀드리고 싶어요.

정도전의
토지 개혁안

최태성 정도전의 공전제라는 토지 분배 방식에 대해서 모든 사람이 찬성하진 않았을 것 같아요.

박정호 당연하죠.

최태성 제가 봐도 이게 정말 실현될 수 있나 싶은 게, 그 당시 사람들 특히 토지를 갖고 있던 사람들 입장에선 이건 절대 수용할 수 없는

법이었을 것 같아요. 실제로 정도전이 법을 시행하는 데 어려움을 겪었죠. 정도전이 방금 말씀하신 부분들을 시행하진 못했잖아요.

박정호 그렇습니다.

최태성 공전제가 아닌 **'과전법(科田法)'**으로 선회했죠. 이게 뭐냐면, 지배 계층에게 토지의 소유권이 아닌 수조권(收租權, 세금을 걷을 수 있는 권리)을 주자는 거예요. 국가가 토지를 관리하면서 거기서 나오는 세금을 관리가 가져가는 방식으로 전환한 겁니다. 어찌 보면 왕토(王土) 사상에 가까워요. 조선의 땅은 다 임금의 것인데, 관리들이 국가를 위해서 일하니 월급을 줘야 하고, 그 월급을 백성들이 내는 세금에서 일부 가져갈 수 있도록 법으로 정한 것이 과전법입니다. 과전법의 과(科)는 현대의 공무원들을 1급, 2급, 3급 등으로 급수로 나누듯이 '과'에 따라 토지의 수조권을 준다는 겁니다. 과전법을 시행하면 어떤 효과가 있을까요?

박정호 이는 공전제를 어느 정도 실현하는 측면이 있어요. 개인이 토지에서 나온 소출을 가져갈 수 있는 권리의 일부는 본인이 가졌지만, 토지의 일부는 국가가 거두어들인 거니까요. 그 토지는 당연히 혁명 과정에서 숙청된 권문세족의 토지였죠. 고려 말의 상황을 다시 돌이켜 보면요. 토지가 한쪽 계층에 몰려 있어서 국가의 부가 양산되지 않았고요, 농민들은 토지 경작을 통해서는 먹고살기가 너무 힘들어지니까 농사를 안 짓기 시작했어요. 자연스레 농민이 줄고 상민은 늘었죠. 그런데 과전법이 시행되면서 토지의 소출로 관료는 녹봉을 받고, 지방관을 파견하면서 반드시 토지를 개간하도록 명을 내렸어요. 지방관에게 개간을 많이 하도록 권장하고, 그 땅에서 녹봉을 받는 유인 구조를 만든 거예요.

최태성 그리고 '**권농관(勸農官)**'이라는 관료 기관도 설치했죠.

박정호 네, 맞습니다. 권농관은 말 그대로 '농사를 권하는' 역할을 하는 기관이었죠. 농민보다는 상민이나 수공업자들이 많아졌으니 지방 관으로 가서 농사를 권하라는 겁니다. 정도전은 "농업은 본업이요, 상업과 공업이 말업이다."라고 주장했어요. 심지어 왕에게도 농사를 권했습니다. 왕이 시험 삼아 농사를 짓는 '**적전(籍田)제**'를 통해서 농사의 중요성을 보여줘야 한다고 봤어요.

최태성 그럼 정리를 해볼게요. 숙청된 권문세족이 갖고 있던 토지를 국가가 몰수해서 그것을 평민들이 경작할 수 있도록 만든 제도가, 과전법. 과전법의 핵심은 스스로 농사짓는 자영농을 많이 만들자는 것이고, 그 안에서 개간과 권농, 왕의 솔선수범 등을 통해서 농업을 활성화한 제도였다. 이렇게 볼 수 있겠네요.

박정호 네, 그런데 이 부분에 대해서 경제 공부를 하는 분들이 오해를 하세요. "농업이 본업이고 상공업은 말업이다."라는 말을 농사만 권유하고 상거래 활동이나 시장 등을 억제한 게 아니냐는 해석을 하십니다. 그런데 《조선건국전》과 《불씨잡변》을 보면 분명 이렇게 쓰여 있습니다. 상공업을 억제하자는 것이 아니라 농업이 먼저여 야 그 산출물을 바탕으로 상거래도 하고, 국가가 발전할 수 있다고 말이죠. 상거래 활동을 무조건 하지 말라는 게 아니라 경제의 순차적인 발전 단계를 말씀하신 거예요.

최태성 현재 단계에서는 농업이 더 중요하다.

박정호 그럼요. 정도전이 국가를 운영하는 설계자인데, 지금 해야 할 일과 나중에 해야 할 일을 당연히 구분해야 하지 않겠습니까? 우리 한국의 최근 근대경제 발전사에서도 휴대폰이나 자동차부터 만든 게 아니라 경공업부터 시작했잖아요. 그리고 가장 하층민인 유랑민들에게 최소한의 생계를 유지할 수 있도록 스스로 자리 잡고 살 수 있게끔 해줘야 하는데, 그게 바로 농사라고 생각한 겁니다.

최태성 요즘 이슈가 되고 있는 '경제민주화'라든지 '부의 재분배'라는 말들과 연결될 수도 있을 것 같은데요?

박정호 그렇습니다. 고려 말 양극화 상황을 해결하기 위한 근본적인 치유법은 국가가 어설프게 보조금을 주면서 근근이 살아가게 한 것이 아니라 농민이 자력갱생할 수 있는 가장 중요한 근거인 토지를 주었다는 것에 주목해야 합니다. 그리고 개간을 통해 농민에게 나눠 줄 수 있는 토지를 더 많이 확보했고요. 이런 것들이 근본적으로 농민이 스스로 생존할 수 있는 길이라는 걸 아신 분이죠.

정도전의 복지 정책,
혜민서

최태성 지금까지 경제 민주화라든지 부의 재분배라는 측면에서 과전
법을 살펴봤는데요. 토지뿐만 아니라 백성의 삶의 질 향상에도 무
척 신경쓰셨어요. 정도전도 세종대왕처럼 애민 정신이 무척 강하
셨던 것 같은 게 《삼봉집》이라든지 《태조실록》에 보면 왕에게 이
런 말을 하십니다.

"환과고독(鰥寡孤獨)은 왕정으로서 먼저 살펴야 할 바이니 마땅히 불쌍
히 여겨 구휼해야 될 것이다. 소재 관사에서는 굶주리고 곤궁한 사람을
보살피고 부역을 면제해줄 것이다."

'환과고독'이란, 홀아비, 과부, 고아, 자식 없는 노인 등 사회적 약자
를 말해요. 정도전은 약자들에 대한 정책을 왕이 우선적으로 살펴
야 한다고 주장했습니다. 이 또한 오늘날의 복지 제도에 해당하는
정책들을 제안했다고 볼 수 있지요.

최태성 여기서도 '복지'가 포인트군요.

박정호 정도전이 제안한 정책 중 하나가 노비의 몸값을 상향조정하자
는 건데요.

최태성 복지와 노비들의 몸값 상향이 어떻게 연결되나요?

박정호 이렇게 보시면 어떨까요? 학생들이 기본적으로 필요한 돈을 벌

기 위해서 아르바이트를 하잖아요. 이들은 어떻게 보면 가장 교섭력이 떨어지는 경제 주체라고 볼 수 있어요. 힘들게 아르바이트 자리를 알아봤는데, 시급이 500원이라는 거죠. 이 금액으론 교통비도 안 나오잖아요.

최태성 보통 학생들은 최저임금이 얼마인지도 잘 몰라요.

박정호 그러니까요. 저도 지금 최저임금을 이야기하려고 했어요.

최태성 저희 반에도 아르바이트를 하는 친구들이 있는데, 임금을 물어보면 너무 황당할 정도의 수준이더라고요. 거의 노동착취를 당한다고 봐야죠. 그런데도 그게 잘못된 줄 몰라요. 스스로 돈을 벌었다는 사실만 중요하고, 자기가 가져야 할 권리는 생각을 못하더라고요.

박정호 노비의 몸값을 상향조정하려는 취지가 오늘날 최저임금제를 보장하는 것과 똑같다고 보시면 돼요. 사회·경제적 약자들이 자신의 권리를 스스로 실현하기 어려우니 그걸 사회구조적으로, 법적으로 해결해주자는 거죠.

최태성 국가가 개입한 거네요.

박정호 그다음에 조선 초기에는 농사를 지어야 하는데 몸을 다쳤거나 질병에 걸렸다면 개인파산을 할 수밖에 없잖아요. 그렇지 않습니까?

최태성 현대적 경제 용어로 표현해주시니까 재밌네요. 개인파산이라…….

박정호 형편상 농사를 짓지 못하니 다시 일어설 방편도 없죠. 그래서 국가가 이런 빈민층들을 복원하고, 질병을 치료하기 위한 약국과 병원 등을 설치하자고 최초로 주장한 사람이 정도전입니다.

최태성 그래서 혜민서(惠民署)를 세운 거군요. 혜민서는 '백성들에게 은 혜를 베푸는 관청'이라는 뜻이에요.

박정호 이 역시 정도전이 복지의 중요성을 설파한 것이고요. 또 국가 에서 피폐해진 서민들의 경제를 어루만지기 위한 다양한 논의들 을 제안하는데, 정도전은 국가가 복지에 신경 쓴 다음에 일어날 수 있는 사회 문제까지도 미리 내다봤다는 겁니다. 그게 뭘까요?

최태성 국가 재정이 바닥나는 거죠.

박정호 경제학자 다 되셨네요.

최태성 상식이죠, 뭘. 하하

박정호 그런데 '국가가 지금보다 복지 제도를 넓혀야 하는가'에 대한 설 문조사 결과, 전 국민의 80% 이상이 지금보다 복지를 더 강화해야 한다고 대답했어요. 똑같은 대상에게 다른 질문을 던졌어요. '그럼 지금보다 복지가 더 확대된다면, 세금을 더 낼 의향이 있으십니 까?'라는 질문에 대해서는 세금을 더 낼 생각이 있다고 대답한 사 람이 20%밖에 없었지요.

최태성 이율배반적인 대답이네요.

박정호 그런데 저만 해도 그런 마음이 있더라고요. 설문조사 결과를 보 면서 저 스스로도 반성할 기회가 됐는데요. 이렇게 다양한 복지 정 책을 펴다 보면 국고에 문제가 생길 거라고 정도전은 조선을 처음 설계할 때부터 이야기했어요.

최태성 그렇다면 국고 고갈의 대응 방안은 뭐였나요?

박정호 양입위출(量入爲出, 구입액을 고려하여 일상의 비용을 절약함)이었어요. 이게 뭐냐면 국고에서 무조건 1/3은 저축해야 한다는 거예요. 나머지 2/3만 지출해서 그걸로 양민들을 보살피는 데 사용하고, 1/3은 저축해서 미래를 대비하지 않으면 국고가 고갈된다는 주장을 해요. 이렇게 효율적인 재정 관리의 지침을 만들어놓았고요. 또 한 가지, 호적 제도를 재정비해요. 호적을 정확히 해야 국가가 보살펴야 하는 가장 큰 밑의 계층이 몇인지, 농민이 몇인지에 대한 실태를 알 수 있고, 그래야 구체적인 정책을 세울 수 있거든요. 그리고 호적 제도를 재정비하면서 둘러봤더니, 권문세족이나 관료들의 횡포가 지나친 거예요. 그래서 소금을 만드는 염전 사업과 농기구를 만드는 철기 사업을 합쳐 '염철(鹽鐵) 사업'이라고 하는데, 이 두 가지 사업을 국유화하자고 주장합니다. 소금과 철은 백성들에게 꼭 필요한 것들이기 때문이죠.

최태성 국가가 전매(專賣, 국가나 특정 회사가 어떠한 물건을 독점하여 판매할 수 있는 권리를 가짐)해야 한다는 얘기죠?

박정호 네, 이건 농민들에게 횡포를 부리는 것도 막고…….

최태성 국가 재정도 확보해야 하잖아요.

박정호 그렇죠. 염철 사업을 국유화해서 이걸로 부족한 세수를 확보하자는 것이죠.

최태성 소금 없이 살 수 없고 철이 없으면 농사를 지을 수 없으니까 이것들을 통해 안정적으로 재정을 확보하자는 거군요.

박정호 　민생들에게 이런 필수품을 저가에 안정적으로 공급하자는 취지였죠.

최태성 　생산력도 증가시키면서 선순환을 이루자는 거네요.

박정호 　네, 이게 다 맥을 같이 하는 겁니다. 그다음에 겨울을 나려면 뭐가 필요할까요?

최태성 　땔감이 필요하겠죠.

박정호 　땔감과 관련된 산업을 '산장'이라고 불렀다고 하더라고요. 이 땔감을 얻기 위한 벌목 사업이 치열하게 벌어졌겠죠? 이 사업을 몇몇 권문세족이 독점해서 엄청나게 횡포를 부렸어요. 정도전은 이것 역시 국유화해서 백성들이 겨울을 안정적으로 날 수 있도록 땔감을 제공하고 더불어 적합한 세수를 확보하자고 주장했고요. 그리고 '수량(水梁)'이란 것도 있어요. 어장을 관리하는 사업이죠. 이것도 일부를 국유화하자고 주장했습니다.

최태성 　정도전을 과도한 국가 개입주의자라고 봐야 할까요?

박정호 　당시엔 그 길을 선택한 것 같습니다. 국가 시스템을 바로잡으려고요. 민간이 스스로 바꾸도록 놔두는 것은 위험하다고 판단하신 거죠. 현대 경제 상황과는 배치되는 것 아니냐고 비판하실 분이 계실지 모르겠는데, 그렇진 않습니다.

최태성 　아니라고요? 왜 아니죠?

박정호 　허생을 이야기하면서 독점 거래와 불공정 거래를 규제하기 위한 법규가 있다고 말씀드렸죠? 어떤 산업은 독점이나 과점했을 때 폐해가 일어나고 자생적인 개혁은 일어나지 않을 때가 있거든요.

따라서 국가가 개입을 하는 경우가 지금도 있죠. 지금에도 유의미한 해법을 굉장히 혁신적으로 도입했을 뿐이지, 경제적인 논리에 어긋난다고 볼 수는 없어요.

최태성 그럼 그렇게 국가가 과도하게 개입했을 때에는 문제가 없나요?

박정호 왜 문제가 없겠어요. 사회주의와 자본주의로 간단하게 설명드릴게요. 사회주의는 무엇을 얼마나 생산할지 국가가 알아서 정하고 그걸 국가가 알아서 나눠주겠다는 거죠. 내가 어떤 물건이 얼마나 필요한지, 그리고 그것을 얼마나 쓸지에 대해서 국가가 정확히 계산해서 알려준다? 불가능하거든요. 어떤 물건을 나의 편의에 가장 맞게 사용할지는 누구보다 내가 잘 알아요. 그래서 경제 부분에서 효율성을 가장 높이는 방법은 자기 자신의 상황을 가장 잘 아는 개인이 자유롭게 의사결정하는 것이란 게 경제학의 기본적인 원칙이에요. 그것에 의구심을 갖는 경제학자는 없는 것 같습니다.

최태성 경제학자들은 그런가요?

박정호 네, 기본적으로 자율적인 시장 원리들이 가져다주는 커다란 혜택은 모두가 인정합니다. 무역도 마찬가지예요. 자유무역 자체를 거부하는 경제학자? 없습니다. 자유무역의 스펙트럼이 다양하잖아요. 자유무역을 하자, 일부 보호무역을 하자 등 그 선상에서 이야기하는 거지, 실제로 무역하지 말자, 이렇게는 불가능하고요. 만약 내가 가지고 있는 여러 물건 중에 정작 나한테 필요가 없는 게 있을 수 있잖아요. 그리고 저 사람이 갖고 있는 물건 중에 저에게 필요한 게 있다고 해봐요. 마침 운이 좋게도 그 사람이 제게 필요 없는 물건을 무척 갖고 싶어 한다고 하면 서로 물건을 바꾸면 편익이 올라가잖아요? 이런 것들은 자유롭게 교역했을 때 내게 더 맞는 편익을 얻을 수가 있는데, 만약에 당사자들끼리 서로 교역을 못하게 막아버린다면, 그런 혜택을 누릴 기회조차 사라지는 거죠. 이처럼 경제학은 개별적인 경제 주체의 자유로운 의사결정을 존중합니다. 그럼에도 불구하고 분명 이것이 만병통치약은 아니거든요. 문제점이 발생했을 때, 그러니까 시장이 자율적인 기능을 상실했을 때나 시장 실패 상황이 발생했을 때, 적극적인 국가 개입이 불가피하다는 걸 인정합니다. 사실 많은 국가의 초창기 경제 발전 초기 모습들을 보면 새롭게 기틀을 세우기 위해 국가가 엄청난 개입을 한 경우가 많았죠.

최태성 네, 알겠습니다. 오늘 이렇게 정도전 이야기를 해봤는데요. 고려 말 상황에 드러났던 국가의 위기, 빈부 격차의 심화라든지 국가 재정의 고갈 등의 문제를 해결하기 위해서 과전법과 전매, 그리고 각종 복지 정책을 도입하면서 적극적으로 국가의 개입으로 사회 문제를 해결하려고 했던 정도전의 모습을 살펴봤습니다. 계속 이야기했지만 정도전의 이런 정책들이 현재의 국내 상황과도 많이 연결되는 것 같아요.

박정호 맞습니다. 정말 놀라운 일이죠.

최태성 정도전 선생님께서 환생하신다면, 우리 사회의 문제를 풀기 위해 어떤 해결책을 제시하셨을까요? 또 현재 무상급식이나 무상보

육과 같은 복지에 관한 화두들이 많이 오가는데요, 정도전 선생님은 그런 것들에 대해 어떻게 진단하실까요?

박정호 지금 우리가 고민하는 문제 중 하나가 복지 정책은 분명 늘려야 하는데 재정 부족이 걱정되는 거잖아요? 이 부분에 대해서 정도전 선생님은 관료로서 혼신의 힘을 다해 좋은 해결책을 제시하지 않았을까 싶습니다. 이분은 사실 학자라기보다는 현실을 바꾸기 위해서 열심히 노력한 경제 관료라고 평가해야 맞을 것 같아요.

최태성 제가 봤을 때는 세원 확보를 위한 진보적인 개혁안을 제시해주셨을 것 같습니다. 정도전이라면, 과전법을 시행한 것으로 봐서 세수 확보를 위해서는 지배계층의 희생도 필요하다고 말씀하시지 않았을까 싶네요. 그렇기 때문에 정도전이란 인물이 현재에도 끊임없이 재조명되고 있지 않나 생각이 듭니다. 또, 정도전도 정도전이지만 정도전을 뒤에서 밀어준 이성계와의 파트너십도 우리가 기억해야겠지요. 다음 시간에도 이런 재미있는 인물 이야기해주실거죠?

박정호 네, 재미있는 인물로 다시 만나겠습니다. 감사합니다.

7
문익점,
기술에
경제학을
입히다

문익점이 살았던 시대와 그의 생애

1329	**충숙왕16**	강성현(지금의 경상남도 산청)에서 문숙선(淑宣)의 아들로 태어나다.
1360	**공민왕9**	문과에 급제함.
1363		산간원 좌정언으로 있을 때 서장관이 되어 원나라로 감.
		같은 해 11월에 덕흥군 사건에 연루되어 운남행성으로 유배됨.
1364		목화씨를 가지고 개경으로 돌아옴. 정3품 벼슬로 복직했지만 휴직을 청하여
		귀향하여 장인인 정천익(鄭天翼)과 함께 목화 재배를 시작함.
1367		3년 만에 목화의 재배에 성공함. 처음에는 목화에서 씨를 제거하고
		실을 뽑을 줄 몰라서 고민하던 중 정천익의 집에 머무르던 승려 홍원(弘願)에게
		물어 씨와 실을 뽑는 법을 배움. 그 뒤 해마다 재배량을 늘려서
		주변의 향리들에게 씨앗을 무료로 나누어주며 심어 기르도록 권장하고
		목화 재배를 교육함. 문익점의 손자 문래(文萊)와 문영(文英)은
		실을 잣는 기구인 '물레'를 개량함.
1374		정몽주, 정도전 등과 함께 북원의 사신을 처벌할 것을 상소했다가
		친원파 권문세족의 역공격을 받고 청도군수로 좌천됨.
1375	**우왕1**	우왕이 즉위한 직후 다시 중앙정계로 복귀.
1376		어머니 상을 당하여 주자가례에 따라 3년간 무덤 옆에서 움막을 짓고 삶.
1389	**창왕1**	이색 등과 함께 사전(私田.토지의 사유화) 혁파를 반대하다가
		사헌부 대사헌 조준의 탄핵을 받아 관직에서 물러남.
1390		조정에 복직. 시정의 폐단을 지적한 시무론 8조를 올렸으며,
		병을 이유로 사직하고 귀향함.
1392		이성계, 정도전 등이 조선을 건국하였으나 고려에 대한 절의로 관직에 나가지
		않음. 이성계의 역성혁명을 반대해 초야에 묻혀 여생을 보냄.
1400		향년 72세의 나이로 사망함.
		훗날 문익점의 시문과 실기를 모은 책 《삼우당실기》가 편찬됨.

이번 시간에 만나볼 인물은 고려 말에 원나라로 가서 목화를 가지고 돌아와 **백성들이 추운 겨울에 솜이 불을 덮고 무명옷을 입게 한, 문익점입니다.** 그는 서른 살에 과거에 급제하여 공민왕이 집권한 12년째인 1363년에 원나라로 가는 사신 일행에 사정관으로 뽑혀 원나라로 갔습니다. 원나라에서 목화를 발견하고 목화씨를 다시 조선으로 가지고 들어오는데요. 그의 장인 정천익과 함께 **목화씨 10개를 심어 단 한 개 성공했지만 3년간 시험 재배를 지속해 10년도 안 되는 사이에 목화가 전국으로 퍼져나갔습니다.** 문익점의 목화씨 전래는 산업뿐 아니라 백성들의 생활을 바꿔놓은 **한국사 사상 최고의 혁신 중 하나였지요.** 그런데 이 사건을 어떻게 경제적 관점에서 바라볼 수 있을까요? 지금부터 그 이야기를 시작해봅시다.

최태성 문익점을 어떻게 경제학자라고 볼 수 있을까요. 참 호기심이 일어나는 인물이에요. 목화씨에서 어떤 경제 이론이 나올까 싶은데, 오늘은 어떤 이야기들을 나누게 되나요?

박정호 오늘은 기술에 대한 중요성에 대해 말씀드릴 수 있을 것 같습니다.

최태성 먼저 문익점의 삶부터 살펴봐야 할 텐데요. 문익점이 활동한 시기는 14세기 고려 말 공민왕 집권기예요. 한국사 시험에서 가장 많이 나오는 고려의 왕이 누군지 아세요?

박정호 광종과 공민왕?

최태성 네, 맞습니다. 잘 아시네요. 바로 이 문익점이 공민왕 때 활동했던 사람인데요. 그 당시 문익점의 관직이 좌정언(左正言)이었어요. 지금으로 보자면 한마디로 언론인이었습니다. "전하, 이러시면 아니 되옵니다" 하며 왕에게 간하여 잘못을 바로잡게 하고 "연구원님에게 비리가 있습니다!" 하며 고발하는 역할을 하는 관직에 계셨죠.

박정호 무서운 분이셨군요. 하하

최태성 그런 분이 어느 날 사절단으로 뽑혀서 원나라로 간 거예요. 사절단에서 맡은 직책이 서장관(書狀官)이었는데, 기록을 담당하고 외교적으로 실무적인 역할을 하는 사람이었어요. 원나라에서 그는 목화를 재배하는 걸 보고 우리나라에도 들여오면 좋겠다 싶어 목화씨를 가져왔는데, 씨앗 10개 중에 고작 1개만 싹이 텄죠. 그 하나도 죽었으면 큰일 날 뻔했습니다.

박정호 진짜 고생했을 겁니다. 목화가 원나라에선 해외 반출 금지 품목이었으니까요.

최태성 우리가 흔히 문익점하면 늘 이야기하는 것 중에 하나가 목화씨를 붓두껍에 숨겨 왔다는 거잖아요. 그런데 그게 사실인지 아닌지는 아직까지도 논란이 많습니다. 그 외에도 상투에 숨겨 왔다, 주머니에 넣어 숨겨 왔다, 붓두껍에 숨겨 왔다 등 여러 가지 설이 있는데 이것들은 후대에 붙여진 재밌는 이야기일 뿐이지, 진짜인지의 여부는 사실 그리 중요한 것 같진 않아요.

박정호 지금 말씀하신 게 맞아요. 저는 지팡이에 숨겨왔단 이야기도 들어봤어요. 그것보다 그전에 많은 사신들이 해외로 출장을 다녀왔는데, 이렇게 사신이 무언가 들여오는 과정을 자세히 묘사한 적이 단한 번도 없었단 말이죠. '어떤 물건을 가져왔다.' 하고 기록이 끝났는데 목화처럼 유입 과정을 이렇게 자세하고도 극적으로 묘사한 경우는 없었단 겁니다.

최태성 제가 늘 궁금한 게 있어요. 지금 속옷 입으셨잖아요?

박정호 그럼요. 당연히 입었죠. 무슨 말씀을!

최태성 하하 속옷은 보통 면 100%잖아요. 면은 목화로 만들어진 거구요. 옛날에 지배층이야 비단 이런 걸로 옷을 만들어 입었겠지만 피지배층의 옷감 대부분은 거칠거칠한 삼베였거든요. 그런 느낌의 옷을 입다가 이렇게 부드러운 면으로 만들어진 속옷을 입게 되었다는 건 정말 엄청난 혁명이 아니었을까 싶어요. 그 느낌의 달라짐도 어마어마한 변화일 것 같은데…….

박정호 '의복 혁명' 같은 어휘도 있는데 '느낌의 변화'라니요. 하하 이

분이 목화를 가져온 것에만 머물렀다면 이렇게 칭송받지 않았을 것 같아요. 그걸 일반인들이 더 활용할 수 있게끔 뭔가를 더 하셨을 것 같아요.

최태성 　우선 목화씨 재배에 성공하셨고, 목화에서 실을 뽑아내는 기술까지 연구했어요. 당시 문익점의 장인인 정천익의 집에 기거했던 원나라의 '홍원'이란 승려가 있었는데, 그가 실을 뽑을 수 있는 물레 만드는 법을 알려줬지요.

박정호 　사실 그 부분에 놀라운 점이 있습니다. 그전에도 사신으로 중국에 갔던 많은 관료와 재상이 있지 않았겠습니까? 이들이 고국에 오면서 빈손으로 돌아오지는 않았겠지요. 일반적으로는 임금에게 보여주고 싶거나 선물하고 싶은 물건들을 가져와서 "이것 좀 보십시오, 전하. 신기한 걸 가져왔습니다." 하면서 왕의 환심도 사고 예우하고 싶었을 게예요. 그런데 문익점은 목화를 가져왔다는 게 신기하죠.

최태성 　백성들을 사랑하는 마음이 큰 분이셨죠.

박정호 　네, 이분의 아호가 뭔지만 봐도 그걸 알 수 있어요.

최태성 　문익점의 아호가 '삼우당(三憂堂)'이죠. '삼우'의 뜻이 뭐냐면 세 가지 걱정이란 말인데, 그 세 가지가 나라, 임금, 백성이에요.

박정호 　최고네요.

최태성 　정말 멋지죠?

박정호 　애민 정신이 이름에서부터 묻어나네요. 이분이 가져온 물건은 임금의 환심이나 눈길을 끌 수 있는 물건이 아니라 목화를 가져왔다는 것. 그리고 그게 어디 기록되어 있느냐면 《고려사》 열전과 《삼우당실기》에 일화가 나와요. 붓두껍에 가져왔다느니 어디에 숨겨왔다느니 하며 극적으로 표현되었다는 건 이걸 후대 사람들이 문익점의 업적을 남다르게 인정했다는 거죠.

최태성 그래서 극적인 스토리가 붙은 거다.

박정호 그렇죠. 이분이 가져다준 삶의 혜택을 누리면서 이게 도대체 어떻게 된 거야 하고 살펴보다가 설화나 전설처럼 이야기가 만들어진 것일 수 있어요. 중요한 건 그게 아니라 그만큼 후대에서 이분을 주목했고 자세히 살펴봤다는 사실이죠.

최태성 실제로 조선 시대에 와서 세종대왕은 문익점의 공로를 높이 평가해 '부민후(富民侯, 백성을 풍요롭게 만든 이)'라는 이름을 내려 추증(追贈, 나라에 공로가 있는 벼슬아치가 죽은 뒤에 품계를 높여 주던 일)하기도 했어요.

박정호 당시 목화는 원나라에서 전매한 국가의 대표적인 수익 산업이었다는 점에서 그의 공로가 더 크게 다가오죠.

박정호 네, 맞아요. 그 당시에 무명옷을 입으려면 전량을 수입해야 했습니다. 비단과 마찬가지였죠. 목화로 만든 무명은 원나라가 엄청난 부를 쌓을 수 있게 한 주요 수출품이었어요.

최태성 중동 국가의 석유 같은 거였네요.

박정호 그렇죠. 그런데 이게 만약 유출돼 해외에서 생산할 수 있게 되면 원나라 입장에선 아주 큰일이죠. 그만큼 목화씨를 국가에서 주도적으로 관리했습니다. 그런데 이걸 귀하게 가져와서 심었는데 우리 토양에 맞지 않아 자라지 않으면 문제가 생기잖아요. 그런데 딱 하나 성공한 겁니다. 목화를 전파하기 위해 한 노력과 과정을 보면, 문익점을 더욱 경제학적 관점으로 살펴보는 게 가능해져요. 하나를 성공시켜 그걸 10개, 100개로 늘려갑니다. 그다음이 더 중요한데 문익점과 정천익이 새로운 품종과 종자들을 만들며 새로운 혁신을 일으켰어요. 만약 오늘날 기업에서 병충해로부터 강한 새로운 품종을 개량했다면 이를 전매하거나 독점해서 팔면 떼돈을 벌 수 있거든요. 그런데 문익점은 그러지 않았죠.

최태성 그렇다면 문익점은 경제학자가 아니네요. 이익을 창출하지 못했잖아요.

박정호 더 들어보세요. 그는 이 씨앗이 민생에 보탬이 되고 여러 가지 윤택함을 준다는 것을 일찌감치 파악해 최대한 급속도로 보급합니다. 정씨와 문씨 집안에만 배포하는 건 한계가 있으니까 당시 대표적인 세도 가문이었던 남평 문씨, 진주 정씨, 진양 하씨, 상주 주씨, 성주 이씨, 이런 사람들에게 목화씨를 나눠주지요.

최태성 공짜로요?

박정호 네. 그러면서 '너희 동네 근처에 있는 사람들에게도 나눠주라고' 한 거예요. 물류 시스템이 있거나 정보가 원활하지 않았던 시기였는데 불과 10년 안에 전국적으로 퍼져나가요. 목화 재배에 성공한 건 공민왕 시기였고, 그로부터 25년 후인 공양왕 시기에 목화가 얼마나 보편화되었는지 왕이 이런 교지를 내립니다. "앞으로 혼수를 할 때 쓸데없이 비단 같은 걸 외국에서 사오지 말고 우리 무명으로 하여라."라고 말이죠.

최태성 자체 생산이 가능해졌나 봐요?

박정호 그렇습니다. 왕이 이런 교지를 내렸단 건 보편적으로 무명옷을 입을 만큼 자체 생산량이 많아졌다는 것을 의미하는 거겠죠. 문익점이 개발한 기술을 통해서 민생의 경제적 부가가치를 높이고, 삶을 윤택하게 바꿔놓았습니다.

최태성 나눔의 경제학을 실천한 분이시네요.

박정호 그렇습니다. 경제적 관념이라는 게 단순히 이익을 창출하면 경제학자이고, 이익을 창출하지 않으면 경제학자가 아니다? 그건 아닙니다. 문익점은 기술을 보급하고 활성화시키는 일련의 과정을 어떻게 해야 국가 전반에 기여할 수 있는지 알고 계셨던 분이었어요.

목화씨의
경제적 승수효과

최태성 그런데 문익점의 목화 기술이 경제와 어떤 연결고리가 있는 건가요?

박정호 기술과 경제가 어떤 관계를 가지느냐, 많은 분들이 궁금해하시죠. 경제에서 가장 중요한 활동 중 하나가 '생산'이에요. 생산자가 물건을 생산하고, 생산과 동시에 소비도 발생하죠. 생산 전에는 투자 활동도 일어나게 되고요. 그래서 생산은 경제가 돌아가는 데에 매우 중요한 요소 중 하나예요. 그런데 물건을 생산하는 데 들어가는 것을 '생산요소'라고 부릅니다.

최태성 그건 제가 알아요. 토지, 자본, 노동.

박정호 네, 맞습니다. 그리고 최근에 와서는 생산요소로 중요시하는 부분 중 하나가 기술입니다.

최태성 기술이 거기에 들어갈 수 있나요?

박정호 그럼요. 사실 지금 기술 하면 IT(정보통신기술)같은 과학기술만 생각하기 쉽지만, 아닙니다. 이런 기초적인 부분의 품종이나 종자 산업도 엄청난 기술이에요. 사실 여러분 중에도 아시는 분이 있을 텐데, 몬산토(Monsanto)라는 회사 들어보셨어요? 이 회사는 말 그대로 품종 자체도 저작권이 있어요. 예를 들어 '○○ 딸기' 하면 그 딸기 고유의 형질을 가진 것이지 않습니까? 이게 다 지식재산권으로 등록이 가능하고, 거래도 가능하고요. 그런데 안타깝게도 IMF 외환위기가 발생한 1990년대 후반에 우리나라 토종 품종들의 <u>지식재산권</u>이 해외로 유출됐습니다. 우리가 열악한 상황에 있을 때 글로벌 품종 회사들이 그걸 다 사갔던 거죠. 그래서 토종 품종임에도 불구하고 우리가 권한을 가지지 못한 것들이 꽤 있어요.

최태성 무엇보다도 귀한 국가 재산인데 말이죠.

박정호 그럼요. 그런데 궁금하지 않으세요? 예를 들어 어떤 회사에서 씨앗을 사와서 심어 열매가 달렸어요. 그럼 열매에서 씨앗을 얻을 수 있죠. 그렇게 얻은 씨앗을 심으면 다시 씨앗을 살 필요가 없잖아요. 그럼 품종 회사는 다 망하겠죠? 그래서 품종 회사들이 어떻게 하느냐면 유전자 개량을 합니다. 그런 씨앗을 심으면 열매가 안

열려요.

최태성 아, 정말요?

박정호 네, 전 세계에서 품종이나 씨앗을 정교하게 관리하고 있는 이유가 바로 거대한 산업이기 때문입니다.

최태성 만약 원나라가 유전자 조작 기술을 알았다면 목화씨에서 목화가 안 나오도록 했겠네요.

박정호 그럴 수 있죠. 그런 기술이 없으니까 목화를 다른 나라로 가져가지 못하게 막은 거죠. 문익점 선생님은 씨앗의 경제적 부가가치를 명확하게 알고 계셨어요. 여기서 끝이 아니에요. 우리가 목화를 가지고 뭘 하겠습니까. 옷을 만들어야겠지요? 문익점은 옷을 만드는 기계를 만드는 데 있어서도 혁혁한 공을 세웠습니다.

최태성 목화씨 하나가 사회에 미치는 영향이 엄청나네요. 나비 효과 같아요.

박정호 나비 효과라고도 부를 수 있지만 이걸 경제적 파급 효과, 즉 **'승**

여기서 잠깐! idea

지식재산권이란?

인간의 창조적 활동 또는 경험 등을 통해 창출하거나 발견한 지식·정보·기술이나 표현, 표시 그 밖에 무형적인 것으로서 재산적 가치가 실현될 수 있는 지적창작물에 부여된 재산에 관한 권리를 말합니다. '지적재산권'이라고도 일컬어지나 '지식재산권'이 이를 관리하는 특허청의 공식 표현입니다. 간략하게 창작활동의 소산에 대한 재산권을 의미하며, 크게 저작권과 산업재산권으로 나뉩니다.

수효과'라고 부릅니다. 초기의 투자가 자꾸 배가되어 결과로 나타나는 형태이지요. 나비효과도 마찬가지예요. 문익점이 가져온 씨앗 하나가 훗날 일상생활에 이렇게 많은 변화를 가져올 거라 상상도 못했죠. 마저 말씀을 드리면, 문익점은 일반인들이 무명옷을 제대로 만들어 입을 수 있도록 여러 도구를 만듭니다. 씨앗을 뽑아내는 도구인 '씨아'와 목화에서 실을 뽑아내는 도구인 '물레(文來)'를 개발하지요. 그런데 물레가 왜 물레인지 아세요?

최태성 그건 제가 압니다. 문익점의 손자 이름이 바로 '문래'거든요. 손자의 이름을 따와서 물레, 하나 더 말씀드리면 '무명'도 손자 이름 '문영(文英)'에서 온 거잖아요.

박정호 이것이 무엇을 의미하냐면, 문익점의 자식들과 손자들이 계속 이것을 보편적으로 활용할 수 있는 기술을 개발하고 연구에 매진했다는 거예요. 기술과 도구를 만들어서 움켜쥐고 있는 게 아니라 보급했다는 거죠.

최태성 문익점 선생님이 목화씨를 가져와서 재배했고, 또 뒤를 이어서 그걸 솜이나 옷감을 만드는 기술을 계속해서 보급했기 때문에 10년 만에 무명이 빠르게 전파될 수 있었군요.

박정호 문익점 선생님이 목화씨를 들여온 게 단순히 그냥 일회성 이벤트인 것이 아니라, 지속적으로 자기 후손들에게까지도 보급에 힘쓰라고 한 것이죠.

최태성 아, 정말 감동이네요. 이 엄청난 기술을 독점할 수도 있잖아요. 이걸로 어마어마한 부를 창출해서 자기 혼자 잘 먹고 잘살 수 있는 건데. 이를 나누려고 했다는 건 우리가 정말 배워야 할 부분이 아닌가 생각이 듭니다.

박정호 그렇습니다. 최근엔 기술이 정말 중요한 경제적 생산요소로서 대우받고, 이를 보호하는 지식재산권이 대두되고 있어요. 특허권 혹은 IP(Intellectual Property)라고도 칭합니다. 이런 것들에 대한 권한이 점점 강화되고 있어요. 지식재산권의 기본적인 목적은 기술 보호예요. 만약에 내가 기술을 개발했는데 옆 사람이 쉽게 가져다 썼다고 하면, 그 기술을 개발한 사람은 바보가 되겠죠. 그걸 개발하기 위해서 많은 시간을 들였는데, 누군가가 보고 슬쩍 베끼면 그 사람은 경제적으로 투자 대비 이득이 훨씬 많은 거잖아요. 그래서 지식재산권으로 이를 보호해주지 않으면 인류가 지속적으로 발전할 수 있는 기술은 담보되기 어려워요.

최태성 동전의 양면 같네요. 문익점의 경우는 스스로 기술을 보급해야겠다고 결정했으니까 경제적 파급 효과도 발생한 거잖아요.

박정호 네, 정확히 짚으셨어요. 지식재산권의 딜레마가 뭐냐면, 앞서 개발한 사람의 권익을 너무 공고하게 보호하면 새로운 기술이 탄생하지 못하게 막게 된다는 거죠. 예를 들어, A라는 볼펜을 개발했는데 이것과 약간 유사한 A-1, A-2도 전부 저의 권한이라며 너무 탄탄하게 보호해주면, 이건 새로운 제품 탄생이나 기술 진입이 막히게 되죠. 그래서 지식재산권과 기술에 관해서는 법적으로 보호를 해주되, 이 두 가지 지점의 균형을 잘 맞춰야 하는 겁니다. 다른 사람의 권익도 보호하고, 새로운 기술도 나올 수 있도록 균형을 맞취야 하는 것이지요. 문익점은 본인이 관료이기도 하니까 후자에 기여하고 싶었는지도 몰라요.

최태성 기술을 통해서 우리가 목화로 무명을 만들었잖아요. 조선 시대를 학생들에게 가르칠 때, 중요하게 다루는 부분 중 하나가 세금이에요. 농민의 3대 의무가 전세, 공납, 역이잖아요. 시간이 흐르면서 역을 뭐로 내냐면, 포(布)로 내요. 여기에서의 포가 바로 이때부터 만들어지게 된 무명이거든요.

박정호 이게 아예 《경국대전》에 나와요. 길이 16m, 폭 33cm의 포를 내라고 쓰여 있어요.

최태성 굉장히 크네요.

박정호 네, 엄청나죠. 이 크기를 한 필이라고 하고요. 실 80가락을 1승이라고 해서 5승포를 내야하는 것을 공식 규격화합니다.

최태성 군대를 안 가려면 5승포 무명 두 필을 내야 했죠.

박정호 네, 무명이 마치 화폐처럼 쓰이고 역을 대납하기도 한 겁니다.

최태성 한 알의 목화씨가 기술을 통해서 화폐라는 개념까지 확장됐네요.

박정호 그렇죠. 엄청난 일이죠. 그래서 정부가 뭔가에 투자를 할 때, 승수효과가 좋은 산업을 육성할 필요가 있다고 해서 그런 산업을 찾습니다. 예를 들어, 스마트폰을 만들면 스마트폰 액세서리를 만드는 산업도 생기고, 스마트폰 보안 관련 산업도 생기듯이 어느 산업이 하나 생기면 거기서 다양하게 번성되잖아요. 이것을 승수효과가 크다고 설명해요. 목화씨는 세금을 내는 방법과 화폐 가치를 규격화해서 그걸 말 몇 필 등과 바꾼다고 국가에서 아예 명명하기도 했습니다. 이런 것들이 문익점 선생님이 가져온 경제적 파급 효과라고 볼 수 있겠죠. 또 우리가 일상생활에서 아직도 무명을 많이 쓰고 있잖아요. 그 당시에 무명을 어떻게 썼는지 더 찾아봤는데, 솜, 화약의 심지, 노끈도 무명으로 바뀌었고요. 낚싯줄, 그물 등등 무명과 관계되지 않은 게 없어요. 그러고 끝이 아니라 아주 놀라운 일이 더 생깁니다. 무명 이전에 의복의 재료로 사용된 삼이나 베 등은 옷감으로 만들려면 하나하나 실을 꿴다고 하나요?

최태성 우선 나무를 채취해 절여야죠. 엄청나게 힘든 노동이 들어가거든요. 여성들이 하기 좀 힘들었죠.

박정호 네, 옷 한 벌을 만들기 위해 투여된 노동력과 노동 시간이 막대했죠. 그런데 여성들이 씨아나 물레라는 도구들을 사용함으로써 노동 효율성이 굉장히 높아졌고, 할 일이 크게 줄어들었어요. 그래서 또 다른 부가가치가 있는 일을 할 수 있게 된 겁니다.

최태성 오히려 할 일이 늘어난 거 아니에요?

《경국대전》은 어떤 책일까?

유교 국가였던 조선이 유교적 통치 이념을 구현하기 위해 편찬한 조선 시대 법령의 기본이 된 법전입니다. 1894년 갑오개혁이 시행되기 전까지 조선법의 근간이 되었지요. 세조 때 편찬을 시작하여 성종 때 마무리되어 반포했습니다. 각종 관제나 관리의 임면에 관한 규정 및 세금이나 녹봉, 토지, 가옥, 노비 매매, 과거제도, 외교, 제례, 상복, 혼인 등에 관한 사항들을 기록해 놓았습니다.

박정호 아니죠. 의복 제작 말고 또 다른 부가가치를 내는 다른 일을 하게 되는 거죠. 이게 오늘날에도 비슷한 일이 있어요. "20세기와 21세기 최고의 발명품 중 하나는 세탁기다."라는 얘길 들어보셨어요? 세탁기가 발명되면서 여성이 밖에 나가 일할 수 있게 됐다는 거예요. 세탁기는 말 그대로 진짜 세탁기를 의미하는 게 아니라 하나의 상징적인 물건이고요. 가사 노동의 부담을 경감시켜줄 수 있는 일련의 물건들을 포괄해요. 그렇게 남는 잉여 시간을 여성들이 어디에 썼느냐, 개인적인 자가 발전이나 집 밖으로 나가서 사회 활동을 할 수 있는 기초적인 환경을 제공해줬다는 것이죠. 문익점이 살았던 고려 말에도 여러 문헌들을 보면 여성 노동자들이 옷감을 만드는 시간을 많이 아낄 수 있어 다른 활동으로 적극적으로 나아갈 수 있었다는 기록들이 남아 있어요.

최태성 여성들에게 무척 의미 있는 노동의 변화를 가져왔네요.

문익점 정신, 오늘날까지 이어지다

최태성 그런데 목화씨를 가져와 확산시킨 업적으로 문익점을 경제학자라고 볼 수 있나요? 토마스 에디슨 (Thomas Edison, 1875~1879)처럼 전구를 발명한 엔지니어라고 보는 게 더 맞는 게 아닌지 의문이 들어요.

히트다히트!

박정호 좋은 질문이에요. 왓슨 선생이나 에디슨을 경제학자라 이야기 할 수는 없어요. 그들은 기술 개발을 통한 기업의 이윤추구를 우선 시 했거든요. 세계 최대의 글로벌 회사 GE라고 아시죠? 제너럴 일 렉트릭(General Electric)의 약자죠. 이 회사를 누가 세웠나요? 바로 에디슨입니다. 앞에서 언급되었던 밴더빌트나 카네기 등 유명 기 업가들은 기술을 혁신적으로 발전시켜서 얻은 산물을 자신의 경 제적 이익을 창출하기 위해 썼단 말이죠. 하지만 문익점 선생님은 아니었어요.

최태성 아, 거기에서 차이가 나는군요.

박정호 오늘날에도 우리나라는 좀 특이한 점이 있는데, 우리는 세계에 서 세 번째 손가락 안에 들 만큼 R&D(R은 research의 약자로 기초 연구 와 응용 연구를 의미하며, D는 development의 약자로 연구결과를 바탕으로 하 여 상품을 개발하는 업무를 의미함.)에 많은 예산을 투자해요. 우리나라 에서 개발한 많은 기술들의 씨앗들은 전부 국가에서 주도해서 개발 해 민간이 사업할 수 있도록 거의 무상에 가까울 정도로 제공하기 도 하고요. 아니면 정부와 민간 기업이 같이 개발을 하기도 합니다.

최태성 문익점 정신이네요. 그런데 개발된 기술들을 보호할 수 있는 법 률이 있나요?

박정호 아까 말씀드렸던 지식재산권으로 기술을 보호받을 수 있는데, 그러려면 엄정한 조치들이 필요하거든요. 여러 방법들을 계속 견 고히 다지고 있어요. 다른 기술을 어떻게 하면 싸게 사오거나 활용 할 수 있는 방법은 없을까 모색하기도 합니다. 이것들을 모두 '지식

재산 서비스 산업'이라고도 불러요. 지식이 재산이 되고, 그 지식재
산을 다양하게 활용할 수 있는 서비스 산업이 합쳐진 거죠. 이게 또
하나의 거대한 산업 분야예요. 우리나라가 세계 5대 순위에 드는 몇
안 되는 분야입니다.

최태성 그렇게 많나요?

박정호 네, 미국이 전 세계에서 특허 시장이 가장 큰데요. 미국에서 특
허 출원을 가장 많이 한 기업 중에 두 번째가 어디일 것 같으세요?
그게 우리나라 기업이거든요.

최태성 삼성?

박정호 네, 삼성전자예요. 많은 분들이 혁신의 대상이라고 하면 애플을
생각하시는데, 애플은 100위 안에 들지도 않습니다.

최태성 그래요? 정말 의외네요.

박정호 저도 깜짝 놀랐어요. 그리고 우리나라 특허청은 국제 특허를 관
리하는 전 세계 5대 특허청 중 하나예요. 전 세계에서 특허를 가장
많이 출원하는 국가들로는 미국, 일본, 독일, 중국, 한국이 꼽히거
든요. 순위는 그때마다 다른데, 이 5대 국가 안에 우리나라가 꼭 들
어가요. 그런데, 지금 어떤 상황이냐 하면요. 물론 산업 스파이가
기술을 몰래 훔쳐가는 것도 근절해야겠지만, 내가 만든 기술을 제
대로 법적으로 보호받기 위해서 특허를 제대로 해놓지 않으면, 남
들이 다 복사해 가버릴 수 있잖아요. 그래서 그걸 보호받는 게 무
엇보다 중요한데, 그걸 보호받는 조치가 A라는 국가에서 보호를
받으려면 A국가에서 따로 심사해야 되고, B국가에서 보호받으려

면 또 B국가에서 따로 심사해야 하는데, 이게 거의 관례예요. 그런데 그렇게 되니 너무 많은 비용이 들잖아요. 우리나라에서 특허를 출원했다고 해서 무조건 미국에서 보호하는 게 아니거든요. 그럼 보호받을 수 있는 방법을 따로 조치해야 하는데, 이게 너무 번거로우니까 국제적으로 특허를 동시다발적으로 출원해 주자는 담론들이 많이 나왔어요. 그런데 그 과정에서도 문익점 선생님의 후예인 한국을 전 세계 특허 시장에서 가장 주목합니다. 그 이유가 있어요. 이 특허는 다 자국 문서로 출원되지 않습니까? 그럼 미국은 영어, 독일은 독일어, 일본은 일본어, 중국은 중국어, 한국은 한국어예요. 그런데 표준화하기 위해서는 전 세계 문건을 상호비교해서 문제가 없나 확인해야 하잖아요. 그걸 할 수 있는 나라가 한국이라는 거예요.

이유가 있죠. 우리나라가 교육이 발달되어 있어서 영어를 독해하는 능력이 뛰어난 인재가 많아요. 일본어와 중국어는 우리와 같은 한자문화권이라 익숙하죠. 그리고 5대 특허 출원국인 한국의 문헌을 살펴보려면 한국어를 알아야 하는데, 나머지 국가에서 한국어를 할 줄 아는 사람을 찾긴 쉽지 않잖아요. 하지만 한국인에겐 모국어잖아요. 자주 쓰는 특허 관련한 용어나 이런 것들은 비슷한 패턴이 있잖습니까. 우리가 이 5개국의 언어를 모두 충분히 독해할 수 있다는 거죠. 그래서 국제 특허 시장에서 한국을 주목하고 있고, 한국에서 이런 것들에 대해서 뭔가 커다란 방점을 찍을 만한 산업을 앞으로 발전시킬 거라는 걸 의심하지 않아요.

최태성 대단하군요.

박정호 문익점 선생님의 정신과 업적이 어떻게 보면 아직까지 계속 이어져오는 거고요. 그래서 우리는 지금 그런 것들을 계속 발전시켜가고 있다, 이렇게 볼 수 있어요.

최태성 지금까지 문익점 선생님의 업적을 쭉 살펴봤잖아요. 다른 나라에서 목화씨를 가져온 것도 중요하지만, 그 기술을 정착시키고 보급시켰다는 게 굉장히 중요하단 생각이 들거든요. 해외에는 이런 인물이 없나요?

박정호 아주 좋은 질문이에요. 기술이란 것을 경제와 결부시켜 이렇게 연구하는 분야가 생겼습니다. 기술경제학 혹은 환경경제학, 이렇게 불러요. 최근에 와서죠.

최태성 최신 트렌드인가요?

박정호 아주 신생 트렌드는 아니지만, 이런 분야가 계속 각광받고 있어요. 왜냐하면 기술이 가져다주는 경제적 의미가 점점 커지고 있지 않습니까. 해외에서 공부하는 학자들 중에서 기술을 기반으로 경제적으로 풀어내 연구하는 학자들이 다 여기 해당된다고 볼 수 있어요.

최태성 전 계속해서 문익점의 목화씨가 어떻게 경제학과 연결될까 굉장히 고민이 많았는데, 이것이 지금은 학문적인 경향으로까지 자리 잡고 있는 거네요.

박정호 지금까지 대부분의 경제학자들은 생산요소인 노동과 사람을 어떻게 효율적으로 써야 하는지, 자본과 자원을 어떻게 효율적으

로 써야 하는지 등에 관한 원리나 이론을 규명해오셨어요. 그런데 마지막 생산요소로 등장한 기술에 대해서는 아직 학문적 성과가 부족하지요. 어떻게 보면 문익점 선생님은 그 마지막 과제와 맥을 같이 하는 그런 화두를 던지신 겁니다.

최태성 그렇군요. 이렇게 현재적으로 기술과 경제가 연결되니까 문익점 선생님이 역사적 인물로서만 아니라 경제학에서 선구적인 역할도 하신 분이라는 생각이 드네요. 나눔의 경제학이란 측면에서 자신이 들여왔던 목화씨와 기술을 보급함으로써 사람들의 실생활과 국가의 화폐 정책 등 정말 많은 것들을 변화시켰구나, 엄청난 승수효과를 창출했구나 하는 생각이 들었습니다.

박정호 스마트폰 하나가 삶의 환경을 얼마나 많이 바꿔놨는지 다들 아실 거예요. 목화씨는 그 당시의 스마트폰이었다고 보시면 됩니다. 마지막 멘트 좋았죠? 하하

최태성 좋았습니다. 하하 오늘 문익점의 또 다른 측면을 보게 된 것 같네요. 정말 즐거웠습니다.

박정호 저도 재밌었습니다. 감사합니다.

8
최승로,
'시무28조'에
담긴
정보경제학

최승로가 살았던 시대와 그의 생애

927 | **태조10** 신라의 6두품인 최은함(崔殷含)의 아들로 태어남.

935 | 신라 경순왕이 고려에 투항하고,

최은함은 아홉 살의 최승로를 데리고 고려로 귀순함.

938 | 12세 때 태조에게 불려가 《논어(論語)》를 읽어보였고, 감탄한 태조는

최승로에게 소금 단지를 하사하고 그를 원봉성(元鳳省)의 학생(學生)으로

발탁하였으며, 안장을 얹은 말과 예식(例食) 스무 석(石)을 내림.

이때부터 최승로는 문장과 관련된 일을 맡게 됨.

982 | **성종1** 왕명으로 시무28조를 올려 국가의 전반적인 면에 걸쳐서

폐단의 시정과 새로운 제도의 제정을 건의하여

고려 왕조의 기초 작업에 큰 역할을 함.

983 | 문하시랑평장사(門下侍郎平章事)로 승진함.

988 | 가장 높은 관직인 수문하시중(守門下侍中)에 올라 수상이 되었다.

곧 청하후(淸河侯)로도 봉해져 식읍(食邑) 700호(戶)를 받았다.

최승로는 여러 번 글을 올려 물러나기를 청했으나

성종은 이를 허락하지 않았다.

989 | **성종8** 향년 63세로 사망함. 성종이 몹시 슬퍼하고,

장례 비용으로 포(布) 1,000필, 면(綿) 300석, 갱미(粳米) 500석 등을 내려

그 공로를 포상함. 이후 태사(太師)에 추증되었다.

최승로의 〈시무28조〉

최승로가 성종에게 올린 시무28조는 현재 이중 22개 조항만이 전해지고 있다.

북계(北界)와 같은 변경 지역의 방어를 강조하였으며,

불교와 관련한 각종 행사나 그로 인한 재정의 낭비, 사원의 경제적 활동,

승려에 대한 지나친 우대 등을 비판하였다. 또한 삼한공신 등의 자손들을 등용할 것,

지방에 수령 등 외관을 파견할 것, 의복제도의 정비를 통한 사회 신분 질서의 확립,

신하에 대한 예우, 양천제의 확립을 통한 엄격한 사회 신분질서의 유지 등을 주장했다.

조선 시대가 유교 사회였다면 고려 시대는 불교 사회였습니다. 하지만 여기에 반기를 내건 사람이 있었는데요, 바로 '시무28조'를 성종에게 올린 최승로입니다. 성종은 최승로의 시무28조를 수용하여 유교를 정치 이념으로 갖고오죠. 그렇다고 최승로가 불교를 완전히 부정한 것은 아니었지요. 연등회나 팔관회 같은 불교 행사가 너무 사치스러워 국가 재정에 악영향을 미친다고 왕에게 건의를 한 것입니다. 그런데, 이 시무28조를 정치적 관점에서가 아닌, 경제적 관점으로 해석하게 된다면 어떨까요? 지금부터 최승로의 시무28조를 경제적 관점에서 샅샅이 살펴보겠습니다.

최태성 이번 시간에 이야기할 분이 최승로라고요? 연구원님, 정말 오늘만큼은 수긍을 못 하겠어요. 최승로가 어떻게 경제학자와 연결됩니까? 저한테는 정말 미스터리거든요.

박정호 사실 저도 무리수를 뒀구나 싶었습니다. 농담이고요. 😄 하하 저는 최승로가 '정보경제학'의 가장 큰 원리를 알고 계신 분이었다고 생각합니다.

최태성 정보경제학이요? 벌써부터 생소한데요.

박정호 경제학은 합리적 의사결정을 위한 학문인데요. 합리적 의사결정을 내리기 위해서는 결정을 내리기 위한 정보들이 필요합니다. 정보가 부족하거나 혹은 정보를 한쪽만 가지고 나머지 한쪽은 부족한 경우, 어떠한 경제적 현상이 생기는지를 규명하는 학문을 '정보경제학'이라고 합니다. 정보경제학의 가장 기초적인 개념으로는 정보의 비대칭성으로 인한 역선택과 도덕적 해이 등이 있는데 오늘은 이것들에 대해 이야기 나누려고 해요. 자, 그럼 먼저 최승로가 어떤 인물인지부터 말씀해주세요.

최태성 최승로 하면 세트처럼 따라다니는 게 있죠. 바로 '시무28조'입니다. '지금 나라에서 시급하게 해야 될 의무 28가지'라는 뜻이죠. 고려 제6대 왕 성종이 중앙의 관리들에게 정치에 대한 비판과 새로운 정책을 건의하는 글을 올리게 했는데, 최승로가 올린 글의 제목이 바로 시무28조였어요. 《고려사》에 보면 최승로가 이렇게 말해요. "불교를 믿는 것은 자신을 다스리는 근본이며, 유교를 행하는 것은 나라를 다스리는 근본을 구하는 것입니다." 불교는 개인

수양을 위한 종교이고, 유교는 국가를 통치하는 정치 이념으로 삼아야 한다는 거지요. 참, 최승로의 증조할아버지가 누군지 아세요? 바로 최치원이에요. 경주 최씨의 시조이자 바로 저의 할아버지이기도 하십니다. 하하

박정호 진짜 뼈대 있는 집안이네요. 갑자기 왜 이렇게 거만해지세요? 하하

최태성 최치원과 최승로, 엄청나게 똑똑하고 유명한 사람들인데 살아간 시대는 달랐어요. 최치원은 통일신라 말기, 최승로는 고려 초기 인물이잖아요. 재미있는 건, 이들이 둘 다 6두품이었는데 시대에서 차지했던 위상이 달랐다는 거예요. 최치원에 대한 기록을 살펴보면, '산속으로 들어가서 신선이 되셨다.' 이런 표현이 있어요. 신라 말기의 6두품들은 신라의 골품제 때문에 신분 상승에 크게 제약을 받았는데, 이들이 고려로 넘어가면서 지방 호족 세력과 함께 새로운 나라를 세우는 데 주축이 됩니다. 최승로는 그런 시기에 활동한 인물이죠.

박정호 같은 집안 출신이지만 시대가 변하면서 사회로부터 받은 대접이 달라졌겠네요.

최태성 네, 맞습니다. 최승로가 건의한 시무28조가 성종에 의해 채택되면서 그는 관료로서 빛을 보게 됩니다. 그런데 시무28조가 나온 시점이 언제냐면, 최승로가 56세쯤 되었을 때였어요. 60세에 돌아가셨으니까 사실 말년에 빛을 보셨다고 할 수 있죠. 그 이전 고려 초기는 왕 자리를 놓고 싸우는 정치적으로 매우 혼란한 시기였는

데, 성종 때 와서야 비로소 정치나 정책을 펼 수 있는 안정기가 찾아온 겁니다.

시무28조 중에 현재 전해지고 있는 건 22조 정도밖에 없고요. 여기서 말하는 핵심은 크게 두 가지예요. 첫 번째는 불교의 사치스러운 행사들을 억제해라. 또 하나는 지방관을 파견하라는 겁니다. 먼저, 불교와 관련된 이야기를 해볼게요. 최승로는 사치스러운 불교 행사인 연등회와 팔관회를 줄이라고 이야기하죠. 연등회는 뭔지 아시죠?

박정호 부처님 오신 날에 하는 행사와 같은 건가요?

최태성 네, 맞습니다. 팔관회는 하늘에 있는 나라를 지키는 여러 신들에게 제사를 지내는 건데, 여기엔 불교적인 색깔도 있고 도교적인 색깔도 있어요. 이런 행사들이 지나치게 많으니 국가 재정이 어려워졌지요. 불교와 관련해서 시무28조에 이런 구절들이 나옵니다.

"세속에서 선근(善根)을 심는다는 명목으로 각기 소원을 따라 법당을 세워 그 수가 심히 많고, 또 내외 승려들이 사사로이 입주할 곳을 만들려고 다투어 건물을 세우는데 널리 여러 고을의 장관에게 권해서 백성을 징발해 부리면서, 공사보다도 더 급하게 날뛰므로, 백성이 심히 괴롭게 여기니, 원하건대 엄중히 금단하여 백성의 수고를 덜어 주옵소서." (제16조)

"신라 말기 불경과 불상은 모두 금·은을 사용하여 사치가 도를 넘었고, 마침내 멸망에 이르렀습니다. 가령 상인들은 불상을 훔치거나 훼손하고

도리어 매매에 힘써 생업으로 삼았는데, 요사이에도 그 관습이 아직 사라지지 않고 있습니다. 바라옵건대, 이런 일을 엄히 금지시켜서 그 폐단을 혁파하십시오."

(제18조)

박정호 승려가 궁궐에 함부로 들어오지 못하게 한다는 내용은 '숭유억불(崇儒抑佛, 유교를 숭상하고 불교를 억제함)'에 가까워요. 16조에서 지방에서 사찰을 마구 짓지 못하게 한다든가, 18조에서 불상에 금은을 함부로 입히지 말라고 하는 내용은 일종의 **정보의 비대칭성**을 해결하기 위한 가장 원시적인 형태를 보여주고 있어요.

최태성 잠깐만요, 정보의 비대칭성이 뭐예요?

박정호 네, 이것부터 설명드려야겠네요. 거래 당사자들이 필요한 정보를 똑같이 가지고 있었을 때는 서로 간 주어진 상황에서 합리적인 결정을 할 수 있잖아요. 그런데 어떤 경우에는 필요한 정보를 서로 다르게 가지고 있을 때가 있어요. 이런 경우에 정보의 비대칭성이 존재한다고 말합니다. 대표적으로 중고차를 팔려는 사람은 자기 차가 사고가 몇 번 났는지, 액셀러레이터를 함부로 밟았는지, 브레이크 패드가 망가지기 직전인지, 이런 정보들을 속속들이 알고 있잖아요. 그런데 반대 입장, 즉 중고차를 사려는 사람은 이 사실을 전혀 모르죠.

최태성 저쪽은 정보를 많이 알고 있고, 이쪽은 모르고 있고. 비대칭이네요?

박정호 이런 정보의 비대칭성으로 인해서 유발될 수 있는 현상으로는

역선택과 **도덕적 해이**가 있어요. 역선택이라는 건 정보가 부족해서 바람직하지 않은 대상자와 거래할 가능성이 높아지는 거예요. 예를 들면 이런 겁니다. 뷔페 레스토랑의 사장이 원하는 손님은 누굴까요? 당연히 소식가죠. 이왕이면, 같은 돈을 내고 적은 양을 먹는 사람을 좋아할 거 아녜요? 그런데 보통 뷔페 레스토랑을 선호하는 사람은 대식가들이에요. 이렇게 고질적으로 바람직하지 않은 거래 대상자와 거래가 성사될 가능성이 높은 거예요. 만약에 뷔페 레스토랑 사장님이 이 사람이 대식가인지 소식가인지 알면 필터링하면서 소식가만 받을 수 있게 하겠죠. 그런데 그걸 모르니까 대식가 위주로 유인이 되면서 거래가 성사될 수밖에 없는 구조가 바로 역선택입니다.

최태성 그럼 도덕적 해이는요?

박정호 역선택은 거래 성사 전부터 일어나잖아요. 어떤 손님을 받을지 고민하는 거니까요. 그런데 도덕적 해이는 거래가 일어난 다음에 발생해요. 취업 시장이 대표적인 예지요. 취업하기 전에는 이 회사에 혼신의 힘을 다할 것처럼 이야기하지만, 구직에 성공하고 나서는 마음이 해이해집니다. 물론 모든 구직자가 그건 건 아니지만요.

최태성 정보의 비대칭인 거래 뒤에는 도덕적 해이가 발생한단 말씀이시죠?

박정호 네, 그런데 만약 사장이 직원이 열심히 일을 하는지 안 하는지 정보를 다 가지고 있으면 도덕적 해이가 일어날 수 없어요. 하지만 현실은 그렇지 않기 때문에 도덕적 해이가 발생하기 쉬운 거죠.

시무28조,
역선택과 맞서다

박정호 최승로가 시무28조에서 주안점을 뒀던 지정학적인 장소는 도성이 아니라 지방이라는 사실에 주목해야 돼요. 사찰이 어디에 있습니까? 도성에도 있지만 전국 사방팔도에, 그것도 산속 깊은 암자처럼 수양하기 좋은 그런 곳들에 있잖아요. 이런 사찰들은 승려나 주변 사람들이 백성을 위해서 베푸는 게 많은지, 아니면 폭리를 취하고 있는지, 이런 세부적인 상황을 도성에 있는 왕이나 재상들이 면밀하게 파악할 수 없어요.

최태성 정보의 비대칭성이 발생하는군요.

박정호 네, 맞습니다. 사찰과 승려, 그리고 불상. 이것이 맥을 같이 해요.

최태성 지방의 사찰들이 사치를 하는지 안 하는지 잘 모른다는 거네요.

박정호 네, 그다음 또 한 가지 있어요. 그래서 최승로가 시무28조에서 언급한 다른 한 가지가 지방관을 파견하라는 것이었어요.

최태성 정말 중요한 부분이죠. 고려 최초로 지방관 파견을 최승로가 시무28조에서 주장했거든요.

박정호 왜 중앙에서 지방에 관료를 보내야 하는지 이제 눈치채셨나요?

최태성 지방에 대한 정보가 없으니까, 직접 가서 정보를 가져오란 거군요.

박정호 그래야만 중앙에서 그들을 정확히 파악할 수 있으니까요. 조금 전에 정보의 비대칭성 상황에서 역선택이 유발될 수 있다고 말씀드렸는데, 여기에서 역선택 상황이란 바람직하지 않은 사찰이나 관리를 부양하거나 대접하거나 빨리 승진시키는 상황이 생기는 겁니다. 그렇게 되면 탐관오리처럼 백성들을 착취하고 수탈하는 자들이 생겨나게 되지요.

박정호 그렇게 모은 돈으로 중앙에 더 잘 보이려고 할 겁니다.

최태성 정말 이상하지 않아요? 왜 그런 사람이 승진도 빠르고 돈도 잘 버는 걸까요. 이러면 안 되는 거잖아요.

박정호 그래서 악순환으로 역선택이 유발되는 거예요.

최태성 그러면 역선택을 해결하는 방법이 뭘까요?

박정호 정보가 부족해서 일어나는 현상이니 정보가 많아야겠지요. 그 해결 방법은 크게 두 가지로 이야기합니다. 하나는 신호고 하나는 선별이에요. 신호는 정보를 가진 사람이 해결하는 거예요. 대표적으로 구직활동 때 이력서를 쓰지 않습니까? 이력서에 학점이나 토익 점수를 조금이라도 더 올리려고 하는 이유는 내가 너희 회사에 기여할 수 있는 우수한 인재라는 '신호'를 만들기 위해서예요. 신호를 통해서 역선택을 막고자 하는 거죠. '당신이 찾는 사람이 나다.'라고 계속 신호를 보내는 겁니다. 반면에 '선별'은 정보를 가지고 있는 사람이 그걸 골라낼 수 있는 장치를 만들어주는 거예요.

최태성 과거제도 같은 걸까요?

박정호 맞습니다.

최태성 고려 시대에 과거제도를 처음 시행한 건 광종이지만, 최승로가 성종 때 과거제도를 정비하자고 얘기하거든요.

박정호 맞습니다. 최승로는 바람직하지 못한 관료가 등용될 가능성을 막기 위해서 그런 제안을 한 것이고요. 아까 말씀드렸듯이 지방에 있는 사찰과 호족들이 뭘 하고 있는 건지, 제대로 선별하기 위해서 지방관을 보내야 한다는 걸 명확하게 알고 계셨던 거예요. 이분이 정보의 비대칭성을 해결하는 한 가지 유인책을 알려준 거죠. 과거제는 정부가 만들었으니 선별이라고 할 수도 있지만, 과거제를 통해서 과거에 응시하는 사람은 스스로 신호를 보낼 수 있잖아요.

최태성 과거제도가 신호와 선별을 아우르면서 정보의 비대칭성을 완화시킬 수 있는 훌륭한 제도였네요.

박정호 아까 불교의 사치를 억제하자는 내용이 있지 않았습니까. 불상에 금은을 칠하지 마라, 사찰을 많이 짓지 마라, 이것도 일종의 역선택을 방지하는 방편이라고 볼 수 있어요. 하나 더 국가가 정책적으로 모두 일괄적으로 거래해버리는 방법이 있습니다. 이것도 예를 들면 금방 아실 거예요. 자동차보험에서 역선택이 일어날 가능성이 높은데요, 보험에 가입하고자 하는 사람은 누굴까요?

최태성 사고를 많이 내는 사람이요.

박정호 자동차보험에 자율적으로 가입하라고 하면 사고가 많이 날 것 같은 사람만 가입하겠죠? 그렇게 되면 자동차보험 금액이 금방 고갈될 가능성이 높겠죠. 이런 역선택을 해결하고자 정부가 자동차보험을 어떻게 했습니까? 운전자 모두를 보험에 의무 가입하게 해놓았죠. 바람직하지 않은 대상자와 바람직한 대상자 모두 가입하게 해서 역선택을 해결하는 것도 정부가 할 수 있는 방편 중 하나입니다.

최태성 역선택을 해결하기 위해서 정부가 개입을 한다고요?

박정호 네, 사실 중앙에선 어떤 사찰이 백성들을 위해 이바지하고, 경제적인 반대급부도 줬는지 모른단 말이에요. 그런 상황에서 역선택을 막을 수 있는 보편적인 방법 중 하나는 모두에게 일괄적인 기준을 적용하는 것입니다. 그중 하나가 어떤 사찰은 되고, 어떤 사찰은 안 된다가 아니라, '모든 사찰에 불상은 금은으로 칠하지 말라'와 같은 일괄적 적용을 시행한다는 거죠.

예를 들어 국가의 제사를 관할하는 스님들을 뭐라고 하죠? 국사(國師)라고 하죠. 국사나 왕사가 있는 절은 되고 그게 아니면 안 된다고 한다면, 온갖 역선택이 일어날 가능성이 많아지는 거예요. 국사로 모셔오기 위한 또 다른 문제가 일어날 수 있죠. 따라서 자기가 모르는 것들에 대해서 일괄적으로 적용해서 역선택을 막아버리고, 정보의 비대칭성 문제를 해결하기 위해 지방관을 파견하거나 과거제도 등의 정책을 건의하신 겁니다. 그밖에도 여러 사회 제도들을 시무28조에 남깁니다. 그중 '신분에 맞춰서 복식을 입으라'고 하는 9조를 살펴보면 이게 바로 정보의 비대칭성을 막는 대표적인 방식이란 걸 알 수 있어요.

최태성 좀 무리 아닌가요? 하하

박정호 마저 말씀드릴게요. 우리가 조선 시대에 태어났어요. 어떤 사람한테 "이리 오너라~." 해야 할지, "영감~." 해야 할지 어떻게 처음 본 사람에 대해 쉽게 알 수 있을까요?

최태성 외모를 보고 판단해야죠.

박정호 더 정확히 말하면 복색이에요. 복색은 그 사람을 어떻게 대하고 무엇을 요구해도 되고 무엇은 요구하면 안 되는지 정확하게 알 수 있는, 역선택이나 정보의 비대칭성을 막는 가장 쉬운 방편이 되는 겁니다.

최태성 옷 색깔에 사회질서를 부여한 거네요.

박정호 그렇습니다. 신분제를 공고히 했다고 폄하하면 끝이 없지만, 당시엔 신분제가 가장 중요한 사회적 질서였기 때문에 이를 가장 효과적으로 관리·감독할 수 있는 하나의 방법으로 최승로가 제안한 것이죠. 어떤 사람이 길을 가다가 저 사람이 귀족인지 지방 호족인지 노비인지 알지 못하면 실수하기 쉽겠죠. 이 당시엔 지방 호족이 재산을 늘리기 위해 평민을 노비로 귀속시키는 등 부정을 저지르는 일들이 많았습니다. 그런 부당함에서 벗어나기 위해 도망가는 사람도 많아졌고요. 이 상황을 국가가 통제하지 못하니까 정보의 비대칭성을 막기 위한 가장 효율적인 수단인 복식을 가지고 이를 관리할 수 있지 않을까 생각하신 거죠. 이것을 통해 불필요한 역선택을 막았다, 이렇게 보시면 될 것 같아요.

오늘날의 정보 비대칭성
해소 방안은?

최태성 최승로가 지방관을 파견해서 지역 관리에 힘을 쏟았잖아요. 이걸 현대적인 개념으로 본다면 지방자치와 연결할 수 있을까요?

박정호 맞습니다.

최태성 그런데 사실 최승로가 지방관을 파견하라고 한 건 지방자치보다는 중앙집권인데…….

박정호 그렇죠.

최태성 개념이 좀 다르겠네요.

박정호 이건 여러 가지 이유가 있습니다. 지금은 지방에서 어떤 일을 하고 있는지 정보가 없는 상황이 아니에요. 왜냐면 툭하면 다 나오니까요. 그래서 과거와 현재는 지방을 다스리는 방식이 좀 다릅니다. 그렇다면 과거엔 전부 중앙집권화했느냐, 그건 아니에요. 거대한 영토를 관리·감독했던 대제국들을 보면 지방자치를 그대로 인정한 경우가 많습니다. 로마도 그랬고 원나라도 일부 그랬고요. 중앙에서 정보를 모은 다음에 훈령을 내리는 데 소모되는 시간이나 비용이 너무 많아서 차라리 알아서 하라고 맡긴 경우도 꽤 있긴 했지요. 하지만 우리나라는 국토가 그리 넓지 않아서 중앙에서 정보를 빠르게 얻고 직접 통제하는 게 더 적합한 방식일 수 있어요. 최승로 시대에도 마찬가지로, 정보를 얻어서 중앙에서 지방을 직접 통제하는 형태였지요. 그런데 지금은 어쩌냐면 지방 상황을 보고만 받고, 문제가 생기지 않는 한 알아서 하도록 놔두고, 뭔가 문제가 생기면 중앙에서 조정하는 방식으로 관리해요. 지금은 중앙에서 각 지방의 정보를 얻기가 쉽기 때문이에요.

최태성 그럼 고려 시대는 지방관이 각 지방의 정보들을 수집해서 중앙에 알려주는 역할을 했다면, 현재는 지방의 정보를 알기 위한 경제 수칙, 개념들이 있을까요?

박정호 정말 정확한 지적이세요. 요즘은 오히려 정보의 비대칭성이 옛날과는 다른 이유로 생깁니다. 앞에서 최승로 시대를 설명드릴 때, 정보의 비대칭성이 정보가 없어서 생긴 거라고 말씀드렸잖아요. 지금은 정보의 비대칭성이 정보가 너무 많아서 생겨요.

최태성 정보가 많아서 정리가 안 되는 건가요?

박정호 네, 정보가 너무 많은 건 없는 것과 똑같은 효과가 있어요. 이런 상황을 '선택의 역설(Paradox of Choice)'라고 합니다.

최태성 정보가 너무 없기 때문에 역선택이 일어날 수도 있지만 정보가 너무 많기 때문에 어떤 정보를 선택해야 할지 몰라서 역선택이 일어날 수도 있겠네요.

박정호 그렇습니다. 이런 거예요. 소비자들에게 볼펜을 두 개 주고 마음대로 고르라고 하면, 자신의 선택을 뿌듯해해요. 왜냐면 둘을 면밀하게 살펴본 다음 나한테 이게 더 좋다고 판단해서 선택했기 때문이에요. 그런데 몇몇 기업체에서 소비자를 위한다는 마음에 볼펜을 100개를 주고 고르게 하면 소비자들은 더 불만족스러워해요. 왜냐면 100개를 다 면밀하게 관찰하지 못하거든요. 하나 골라서 가져가면서 이런 생각을 하죠. '아무래도 위에서 15번째 게 더 나았던 것 같아.' 이렇게 정보를 너무 많이 주면 우리는 합리적인 선택을 못하게 될 때가 많습니다. 지방을 관리·감독할 때도 지금은 인터넷이니 뭐니 정보가 많이 들어오잖아요. 이 많은 정보를 내가 한눈에 확인할 수 있게끔 가공되지 않으면 정보가 없는 것과 똑같은 상태가 되는 거죠.

최태성 의미 없는 숫자가 돼버리는 거군요.

박정호 맞습니다. 그래서 국가 전반의 경제 상황을 진단하는 데 가장 많이 쓰는 경제지표 중 하나가 GDP(국내총생산, Gross Domestic Product)라는 거예요.

최태성 GDP. 조금 더 풀어서 설명해주세요.

박정호 그럴까요? 이 GDP는 정확한 정의 중에서 한 구절이라도 빠지면 제대로 설명이 안 돼요. 한 나라 안에서 일정 기간 동안 새로이 생산되는 최종 생산물의 시장 가치의 합, 이게 바로 GDP입니다.

최태성 어렵네요. 조금 더 쉽게 안 될까요?

박정호 이렇게 보시면 돼요. 1년 동안 우리나라에서 새롭게 만들어낸 물건이나 제공하는 서비스의 시장가치를 전부 합친 게 GDP예요. 좀 낫죠?

최태성 일인당 GDP는요?

박정호 일인당 GDP는 GDP를 국민 수로 나눈 겁니다.

최태성 GDP가 높으면 높을수록 생산성이 높다는 이야기네요.

박정호 생산성이 높다는 의미도 있고, 그 나라 경제가 그만큼 활발하게 움직인단 의미도 있고요. 여러 가지 의미를 내포하고 있죠. GDP는 국가 전반의 상황을 확인하는 가장 커다란 도구 중 하나인데, 지방자치에서 활용하는 GDP도 있어요. 국가에서 GDP도 국가 전반의 상황을 확인한다면, 지방에서 지자체의 상황을 확인하는 GRDP(지역내총생산, Gross Regional Domestic Product)라는 게 있습니다.

최태성 국가적 개념을 지방으로 축소시키면 되는 거네요.

박정호 GRDP는 정보의 과잉을 막기 위해서 내용을 규격화시킨 경우에 해당합니다. 이렇게 하면 전년 대비나 전 분기 대비 상호 비교가 쉬워지거든요. 지방을 효과적으로 관리할 수 있는 수단으로 이런 지표나 지수들이 활용되고 있는 겁니다.

최태성 지방 정보가 한눈에 보이겠네요.

박정호 그렇죠. 그래서 지금은 최승로가 이야기한 것처럼 중앙에서 지방을 통제할 필요가 없어요. 지방이 자기네들의 상황을 중앙보다 더 잘 알잖아요. 자치적으로 하게끔 놔둔 다음에 그 변화를 중앙에서 바라보면서 신호를 주는 거예요. 마찰이 생기면 지방관이 조율하면서 지방자치단체와 중앙이 균형을 잡아요. 그러니까 어떤 제도라는 건 정보를 누가 가졌고, 누가 정보를 안 가졌냐에 따라서 형태가 변화되는 거예요.

최태성 최승로는 중앙에 정보가 없으니까 정보를 얻기 위해서 지방관을 파견하자고 이야기했던 거고, 지금은 이런 GRDP 같은 걸 통해서 정보를 잘 활용하겠다는 의도로 보이네요.

박정호 맞습니다. 지방 호족들이 자신들의 본분에 맞지 않는 행동을 한 건 도덕적 해이가 유발됐기 때문인데 당시에 이런 상황을 바로잡기 위해서 시무28조는 도성 안이 아니라 전부 지방의 먼 산중에 있는 사찰이나 지방 끝에 있는 호족들에게 시선을 주목하고 있죠. 국가가 통제하는 게 무조건 나쁘냐? 그런 건 또 아니잖아요. 중요한 것은 당시에 국가가 기준을 세우고 그것을 지키도록 강제하는 방법을 선택했다는 겁니다. 최승로가 GRDP의 자료를 얻는다 한들 대조를 하기도 만무했겠지요. 그렇기 때문에 시무28조를 제시한 게 아닌가 싶습니다.

최태성 오늘은 한국사 속에 숨겨진 정보경제학자인 최승로를 살펴보았는데요. 최승로가 지금 환생한다면 어떤 시무책을 올릴까요?

박정호 지극히 제 개인적인 의견을 말씀드리면, 우리나라는 최근까지도 공무원들의 부정부패가 공공연히 이뤄졌어요. 그걸 막기 위한 방편으로 순환보직제를 제정했잖아요. 한자리에 오래 앉아 있으면 그 자리가 이익을 얻을 수 있는 권리로 변질되거든요. 2년 임기를 채우면 다른 보직으로 넘어가요. 그렇게 공무원의 부정부패를 막기 위한 제도를 만들었어요. 그런데 이 순환보직에 심각한 문제가 있습니다. 업무가 전문화가 안 된다는 점이에요. 지금 이 사회는 각각의 분야가 고도의 전문성을 요구하고 있습니다. 그럼 순환보직제를 없애야 하냐 이런 고민을 하게 되잖아요. 저는 순환보직제를 없애도 될 상황이 생겼다고 생각해요. 왜냐면요, 정보의 비대칭성을 막아줄 수 있는 또 다른 도구가 발명됐거든요. 바로 SNS예요. 지금은 고위 관료나 정치가나 연예인, 유명인사, 공인들이 몸조심을 할 수밖에 없어요. 길 가다가 횡포 한번 부리면 바로 SNS에 올라가거든요. SNS가 암암리에 암행어사 기능을 하면서 정보의 비대칭성을 해결하고 있어요. 많은 사람들에게 공유할 수 있는 채널이 생긴거예요. 그래서 지금 이 사회가 정보를 공유하는 새로운 환경에 놓여 있기 때문에 부정부패를 없애기 위한 하나의 방편으로서 순환보직제를 유지하는 이유가 거기에 있다면, 이제 그걸 없애고 전문성을 길러도 부정부패를 막을 수 있는 또 다른 방안들이 생겨야지 않겠느냐, 정보적인 관점에서 말이죠. 이런 이야기를 조심스럽게 드려봅니다.

최태성 고려의 최승로가 '지방관을 파견하라.'라고 했다면 현재의 최승로는 'SNS를 확산하라.'라고 할 거란 말씀이시죠? 예를 듣다 보니 생각이 들었는데, 조선 시대에도 관직은 순환보직을 했어요. 그런데 관점이 다른 게, 각 지역에 관리를 파견할 때 그 지역 출신의 관리를 배정하지 않았다는 거예요. 정보의 비대칭성을 막기 위한 조선 정부의 노력이라고 볼 수 있겠네요.

박정호 이제 초반에 가지셨던 의구심은 풀리셨나요?

최태성 네, 시무28조가 정보경제학 관점에서의 경제적 개념과 연결이 된다는 게 신기하고요. 예를 들어 설명해주시니까 그렇게 어려운 건 아니었어요. 최승로의 시무28조가 경제 원리 측면에서 접근이 되는구나 알 수 있었던 유익한 시간이었습니다.

박정호 저는 우리 역사를 따뜻하게 보고 우리 역사에 숨겨진 의미를 찾

아야 하는 건 우리가 풀어야 할 과제이고 끝으로 그것을 위해 노력

해야 한다고 말씀드리고 싶어요.

최태성 경제학이란? 정리하시죠.

박정호 경제학이란? 오늘 이것으로 마무리하겠습니다. 하하 수고하

셨습니다.

9
장보고,
자유무역의
화신이 되다

장보고가 살았던 시대와 그의 생애

790? 청해(지금의 전라남도 완도)에서 태어난 것으로 추정됨.

812 20세에 고향 친구인 정년과 함께 신라를 떠나 당나라로 건너감.

지금의 강소성 서주(徐州)땅에서 당나라의 군관 벼슬인

무령군중소장(武寧軍中小將)까지 올랐다.

서주는 산동성과 인접한 지역으로서 그 일대에 이정기(李正己)가 이끄는

고구려 유망민들이 많이 살았던 곳이다.

819 당나라 지방에 평로지청 세력을 진압하는 데 큰 공을 세워 무령군 소장이 되다.

821 당나라가 군대를 크게 줄이자 무령군에서 나옴.

산동반도를 중심으로 신라 사람들과 무역을 함.

824 일본에 갔다가 일본에 살던 신라 사람 이신혜를 데리고 가 통역사로 삼다.

828 신라에 돌아옴. 흥덕왕에게 '청해진 대사' 벼슬을 받고,

청해진을 만들어 해적을 소탕하기 시작함.

835 청해진을 중심으로 당나라, 일본, 아라비아 등과 활발한 무역 활동을 펼침.

836 신라 흥덕왕이 죽자 왕족들 사이에서 왕위 다툼이 벌어짐.

패배한 김우징이 청해진으로 도망쳐옴.

838 당나라에 있던 정년이 장보고를 찾아옴. 김명이 반란을 일으켜 민애왕이 되자,

김우징이 장보고에게 군사를 요청함.

장보고가 정년에게 군사를 보내 민애왕 군대를 무찌름.

839 김우징이 신무왕이 되다. 신무왕에게 '감의군사' 벼슬을 받음.

신무왕이 6개월 만에 죽고 신문왕에 아들 문성왕에게 '진해 장군' 벼슬을 받음.

840 문성왕이 장보고의 딸을 둘째 부인으로 맞으려다

귀족들의 반대로 인해 실패함.

841 신라 조정이 보낸 장수 염장에 의해 살해됨. 이후 염장이 청해진을 다스림.

851 청해진 사람들이 자주 반란을 일으키자

신라 조정이 청해진을 없애고, 주민들을 벽골군(지금의 전라북도 김제)으로 옮김.

오늘 우리가 다룰 내용은 한국사에서 '바다의 왕자'라고 불리는 장보고 이야기입니다. 통일 신라 시대의 인물이지요. 이 시기엔 항로를 통한 국제 무역이 활발했는데, 그러자 해적들이 등장해 물건을 약탈해가는 등 무질서한 광경들이 자주 펼쳐지곤 했습니다. 이를 바로잡은 해상왕이 바로 장보고이지요. 장보고는 지금의 완도에 청해진을 설치하고, 여기에서 당나라와 신라, 그리고 일본을 오고가는 배들이 안전하게 무역을 할 수 있도록 감시했습니다. 그 때문에 더욱 무역이 활성화되었죠. 현재 우리나라에서 해외로 수출되는 물량의 99.7%가 배를 통해 운반됩니다. 그런 점에서 장보고는 우리나라 무역업의 기초를 닦은 인물이라고 해도 과언이 아닙니다. 자, 그럼 '무역의 왕' 장보고 이야기를 시작해볼까요?

최태성 장보고 이야기는 드라마로도 끊임없이 만들어지고 있는데요. 그만큼 중요하고도 흥미로운 인물이 아닌가 싶어요. 그가 살았던 통일신라에는 '골품제'라는 신분제도가 있었지요. 놀라운 건 장보고가 골품에 속하지 않았다는 거예요. 그는 어부 집안 출신의 평민이었어요. 뜻하는 바를 펼치고 싶어도 그렇게 할 수가 없는 신분이었죠. 성골은 왕족 중에서도 순수 혈통, 진골은 왕족 중에서 약간 섞인 혈통을 말해요. 밑으로 두품이라는 귀족들이 있었는데요. 그들은 아무리 능력이 뛰어나다고 하더라도 왕족이 될 수는 없었어요. 이렇게 당시는 굉장히 폐쇄적인 신분제 사회였고, 게다가 장보고는 평민 출신이기 때문에 고위 관직에 올라갈 수 있는 길은 완전히 막혀 있었다고 해도 과언이 아니었죠. 그래서 장보고는 어떻게 했을까요?

박정호 저라면 신라를 떠났을 것 같아요.

최태성 네, 장보고도 그랬어요. 폐쇄적인 신라를 떠나 당나라로 갔지요. 당나라의 신분제는 상대적으로 개방적이었거든요. 예를 들어, '빈공과'라는 과거제도가 있어서 외국 유학생들이 이 시험을 봐서 통과하면 관직에도 나아갈 수 있었어요. 그래서 장보고는 당나라에 가서 기회를 잡으려고 했죠. 장보고라는 이름도 그때 만들어졌는데 이름 뜻이 뭔지 아세요?

박정호 글쎄요…….

최태성 원래 장보고 이름이 '궁복(弓福)'이에요. 활을 잘 쐈다고 해요.

박정호 원래부터 무관 기질이 있었나 봐요.

최태성 네, 궁복의 궁(弓)자가 '활 궁'이잖아요. 그 이름을 중국식으로 하면 '궁' 자는 '장' 자와 비슷하고, '복'은 음을 따서 '보고'로 표기한 것이라고 추론하는 학자들도 있습니다. 장보고가 당나라에서 머물렀던 곳이 신라방이었어요. 미국 LA에 가면 한인들이 모여 사는 코리아타운이 있는데, 이처럼 당나라에 신라인들이 모여 살았던 집단 거주지를 신라방이라고 하죠. 그곳에 살며 기회를 엿보고 있었는데, 816년에 이사도가 반란을 일으켰습니다. 이때 장보고가 반란군을 무찌르며 크게 활약했어요. 장보고의 무예는 굉장히 출중했고 곧 장수의 반열에 오릅니다. 그렇게 승승장구하면서 신라

여기서 잠깐!

신라의 골품제

삼국의 신분제 가운데 대표적인 것이 신라의 골품제도입니다. 골품에는 왕족인 성골과 진골, 그리고 6두품, 5두품, 4두품의 귀족이 있었습니다. 장보고는 여기에 모두 속하지 않은 평민이었지요. 골품에 따라 관직의 승진에 제한이 있고, 집이나 수레의 크기나 옷차림에도 제한이 있었습니다.

여기서 잠깐!

이사도는 누구일까?

고구려 유민 출신으로 당나라 산둥 지방에 고구려 유민의 나라를 세운 인물인 이정기의 손자입니다. 이사도는 오늘날의 산둥성에 해당하는 평로치청(平盧淄靑)의 절도사였는데, 당나라 중앙 정부가 지방의 절도사들을 토벌하며 이곳도 함께 무너뜨리려고 하자 결국 반란을 일으켰습니다. 하지만 3년 만에 당나라 중앙 정부가 이끄는 무령군에 의해 토벌되었고, 무령군이었던 장보고는 이 토벌 전쟁에서 크게 활약하며 명성을 떨치게 된 것입니다.

방을 관리·감독하는 '신라관'이라는 관청에 있다가 관직의 힘을 업고 신라에 돌아와 지금의 완도 지역에 '청해진'을 설치합니다.

박정호 청해진이 세워지기까지 이런 배경이 있었네요. 고국을 떠난 장보고가 금의환향한 거군요.

청해진에 숨어 있는
경제 원리는?

최태성 지도에서 청해진, 그러니까 지금의 완도는 전라남도 맨 아래쪽에 위치해요. 이곳은 지정학적으로 일본과 중국을 연결하는 중간 지점이었다고 볼 수 있어요. 이쯤 되면 연관된 경제 이론이 나올 수 있을까요?

박정호 많이 나오죠. 청해진은 어떻게 보면 우리나라 사(私)무역의 시초 중 하나였다고 보시면 됩니다. 무역에는 관(官)무역과 사무역이 있는데요. 국가가 주도하는 관무역은 정부 관점에서 지금 뭐가 필요하고 안 필요한지를 파악해서, 뭘 수출하고 수입할지를 가늠하는 협소한 관점에서만 무역을 하게 됩니다. 하지만 백성들의 일상적인 경제 상황에선 다양한 품목들이 다양한 형식으로 거래되어야 하는데, 국가가 그런 구체적인 경우를 전부 알고 무역하길 기대하기란 무척 어렵습니다. 그 당시 많은 사람들이 그런 한계점을 잘 알았기 때문에 사무역을 하겠다는 생각을 하지 못했어요. 그런데 장보고는 한중일 삼국의 물품을 자유롭게 무역하면 많은 경제적

이득과 백성들의 삶의 편의성이 높아진다는 걸 알고 있었습니다.

최태성 장보고가 중계무역을 한 건가요?

박정호 네, 맞습니다.

최태성 저도 강의할 때 중'개'와 중'계'가 많이 헷갈리거든요. 장보고는 어떤 관점으로 봐야 할까요? 중개무역인가요, 중계무역인가요?

박정호 중개무역이자 중계무역이에요. 이렇게 생각하시면 암기하기 쉽습니다. 아파트를 사거나 팔 때 어디에 들르죠?

최태성 부동산, 공인중개사요.

박정호 공인중'개'사잖아요. 알선만 하지요. 이렇게 사는 사람과 파는 사람을 중간에서 알선만 하는 무역이 중개무역입니다.

최태성 그럼 중계무역은요?

박정호 중계무역은 한쪽의 입장이 되는 겁니다. 사거나 파는 어느 한 쪽 입장이 되어서 무역을 하는 게 중계무역이지요.

최태성 정리하자면 사고파는 관계에서 스스로 이익을 창출하는 게 중계무역이고, 관계를 연결해주면서 수수료를 받는 게 중개무역이군요. 그럼 장보고는?

박정호 그는 사무역이라는 남다른 시도를 하기도 했지만, 이 두 가지 무역 방식이 모두 커다란 부가가치를 가질 수 있다는 사실을 일찌 감치 깨달았다는 거예요.

최태성 그럼 중개도 하고 중계도 했다는 말씀이네요?

박정호 네, 처음에는 이쪽에서 물건을 실어다 저쪽에서 판매하라고 주고, 다시 저쪽에서 물건을 실어다 이쪽에서 판매하라고 주고 중간에서 수수료를 받는 중개무역을 많이 했어요. 장보고는 지금으로 치자면 해운 회사 사장과 비슷한 역할을 한 것이죠. 배로 물건을 실어나르고 실어오는 게 해운업이잖아요. 한번 생각해보세요. 당 나라에 있는 누군가가 신라의 물건을 사겠다고 해서 싣고 갔습니다. 그런데 빈 배로 돌아오면 비효율적이잖아요. 갈 때도 물건을 실어 가서 팔고 오고, 올 때도 물건을 실어 와서 팔아야 효과적인 무역상이 될 수 있었겠죠.

최태성 그렇게 하면 훨씬 돈을 많이 벌 수 있겠네요. 그런데 그때는 선 박에 전기 동력이 없고 바람으로만 가니까 손실이 적지 않았을까 요?

박정호 그렇지 않아요. 생각보다 먹고 자고 하는 데 드는 비용이 컸고, 또 선원들도 의외로 많이 필요했어요.

최태성 한번 배가 뜨면 항해하는 기간이 있으니까 시간적인 손실도 있 었겠네요.

박정호 장보고가 가만히 살펴보니 무역업을 제대로 하려면 네트워크 가 필요하다는 걸 깨달았어요. 즉, 어떤 물건을 싣고 가면 팔 수 있 고, 거기서 어떤 물건을 싸게 사서 가져오면 팔 수 있는지, 이를 알 려주는 현지인들의 상인 네트워크가 절실했죠.

최태성 인적 네트워크를 말씀하시는 거예요?

박정호 네, 우리나라처럼 수출의존도가 높은 국가가 해운업이 부실하 면 해외 해운 회사들에게 협조를 얻지 못해 수출이 원활하지 않을 때가 있어요. 아무리 좋은 물건들을 만들어낸다고 해도, 그 물건을 해외에 적시적소에 갖다 주지 못하면 소용없잖아요. 그래서 해운업은 네트워킹이 중요한데, 장보고가 그때 청해진을 만든 거죠. 청해진이 하나의 섬이자 해상경찰서 같은 역할을 했던 곳이었다면, '법화원'이라는 사찰은 장보고가 당나라에 있을 때 만든 신라인들을 위한 절이었어요.

최태성 장보고와 관련해서 시험에 가장 자주 나오는 게 청해진과 법화원이에요. ㅎㅎ😊 청해진은 군사기지 역할을 했던 곳이고, 말씀하신 법화원은 네트워크 기지 역할을 했던 건가요?

박정호 네, 맞습니다. 먼 바다 너머에 간다는 게 무척 위험한 일이잖아요. 그래서 이렇게 무역을 하려고 배를 떠나보내거나 받을 때 신라인들의 무사귀환을 기원하는 법화원이란 사찰을 세운 건데요. 이곳에서 어떤 물품이 필요한지 어떤 것을 공유할 수 있는지 등 여러 가지 정보가 공유되곤 했습니다.

최태성 역사 시간에 청해진과 법화원을 늘 이야기하거든요. 그런데 법화원이 뭘까에 대해선 설명이 조금 부족했던 것 같아요. 지금 처음 알았네요. 인적 네트워크, 무역을 할 수 있는 네트워크 기지 역할을 법화원이 했다는 말씀이군요.

박정호 저도 국사 교과서에서 배웠을 때 기억이 나요. 법화원에 모이는 사람들은 지금으로 따지면 외교관, 사절단, 공부하러 오는 유학생들이 주로 언급되는데, 사실 역사서를 찬찬히 들여다보면 상인들이 많이 거주했다는 내용도 나오거든요. 그러니 당연히 그들끼리 정보나 필요한 물품들을 공유하는 일이 발생하기도 했죠.

또 놀라운 게 뭐냐면, 해운업이라고 하면 단순히 물건을 날라서 가져다주는 유통이나 물류 산업이라고 생각하잖아요. 그런데 해운업에는 물류는 기본이고, 거기에 선박을 보호하거나 물건을 운송하다 문제가 생겨 보상을 해주는 해상 보험이나 선박 수리 등 파생 산업도 포함돼요. 선박 자체를 사고파는 것도 해운업이고요. 그런데 이런 것들을 다 하려면 비슷한 산업에 종사하는 사람들끼리는 모여서 정보를 공유해야 되잖아요. 아주 놀랍게도 21세기 최첨단의 정보통신 사회에도 방금 말씀드렸던 이런 정보들을 공유하는 오프라인 사교 모임이 남아있어요. '클럽'이라고 부르죠. 선주들의 모임이라고 보시면 돼요.

최태성 통일신라 시대엔 법화원이 그런 역할을 했다는 거죠.

박정호 네, 맞습니다. 클럽이 옛날의 법화원이었다고 보시면 딱 맞아요.

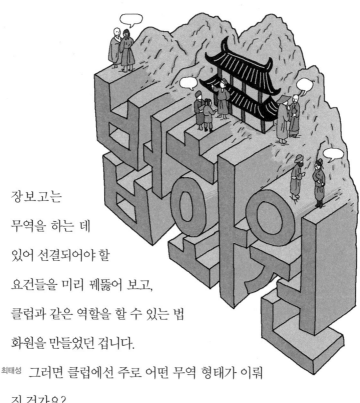

장보고는

무역을 하는 데

있어 선결되어야 할

요건들을 미리 꿰뚫어 보고,

클럽과 같은 역할을 할 수 있는 법

화원을 만들었던 겁니다.

최태성 그러면 클럽에선 주로 어떤 무역 형태가 이뤄

진 건가요?

박정호 법화원 이야기를 하다가 끊겼는데, 중개무역과 중계무역을 여

기서 다 같이 하지만 처음엔 중개무역을 주로 했어요. 왜냐하면 신

라의 어떤 공방에선가 만들어진 물건을 갖다가 당나라에 팔고, 당

나라의 발달된 과학기술로 만들어진 물건 등을 가져다가 팔고 상

인과 상인을 연결해주며 수수료를 챙기는 중개무역 위주였죠. 그

러면서 장보고가 가만히 살펴보니까 일부 품목에 대해서는 자기

가 만드는 게 이윤을 더 많이 남길 거라는 확신을 가지게 된 거예

요. 그래서 실질적으로 어떤 물품은 자기가 직접 제조에 참여해서

파는, 판매자 입장에서의 중계무역도 같이 하게 됩니다. 이 사람은

초창기 무역이 어떤 방식으로 진행되어야 하는지 그 흐름과 구조 자체를 제대로 이해한 사람이다. 이렇게 보시면 돼요.

최태성 장보고가 단순히 힘 센 해상왕 정도의 인물인 줄 알았지, 이렇게 경제적으로 당시의 무역업을 주도했던 인물인지는 잘 몰랐어요. 굉장하네요.

절대우위론
vs 비교우위론

최태성 장보고의 무역을 이론적으로 설명해 줄 수 있는 경제학자가 있을까요?

박정호 데이비드 리카도(David Ricardo, 1772~1823)라는 경제학자가 있어요. 리카도 이전에 애덤 스미스 등의 경제학자들은 무역이 왜 일어날까를 규명할 때, 생산비가 싼 물건들을 교역함으로써 서로 간에 이득을 얻을 수 있다 정도로만 언급했거든요.

최태성 애덤 스미스가 '보이지 않는 손' 말고 다른 이야기도 했군요.

박정호 네, 여러 가지 말씀을 많이 하셨죠. 이걸 **'절대우위론'**이라고 해요. 쉽게 이야기해서 제가 농산물을 싸게 만들고, 최 선생님이 볼펜이나 이런 공산품들을 싸게 만든다고 가정하면, 서로 싸게 만들 수 있는 물건을 교환해서 이득을 볼 수 있잖아요. 이게 바로 무역의 흐름이고 무역이 생기는 원리라고 말하는 게 절대우위론이에요. 맞는 이야기지요. 그런데 리카도가 가만히 무역의 실상을 들여

다보니 신기한 일이 벌어지고 있는 거예요. A라는 국가에서 농산
물도 싸게 만들고 볼펜 같은 공산품도 싸게 만드는데, B라는 국가
가 이 둘을 다 비싸게 만들면 A는 B와 교역할 이유가 없잖아요. 그
런데도 교역이 일어나더라는 거지요.

최태성 어디서요?

박정호 다 그러고 있어요.

최태성 그런 사례가 진짜 있다고요?

박정호 이렇게 보시면 됩니다. 우리나라도 볼펜을 만들 줄 알고, 일본
도 볼펜을 만들 수 있죠. 그런데 서로 자기들이 만든 볼펜을 수출
하고 수입하잖아요? 이런 현상을 설명할 수 있는 개념이 리카도가
주장한 '비교우위론'이에요. 여기에서 무조건 싸게 만들 수 있으니
까, 비싼 곳에 가서 판다는 논리가 일률적으로 적용되는 게 아니란
거죠.

최태성 그런데 장보고의 무역이 어떻게 리카도의 비교우위론과 연관

리카도의 비교우위론이란?

리카도는 비교우위 이론을 설명하며 "교역상대국 가운데 어느 한 국가가 두
상품 모두에 절대우위를 갖고 있다 하더라도 상품 간에 비교우위가 있다면 무
역이 발생한다."라고 말했습니다. 비교적 우위가 있는 상품이면 수출하고, 비
교적 열위에 있는 상품은 수입하게 된다는 게 리카도의 설명이었지요. 비교우
위는 교역 상대국보다 낮은 기회비용(재화 생산을 위해 포기한 다른 재화로 측정)으로
생산할 수 있는 능력이라고 정의됩니다.

되는 건가요?

박정호 장보고는 아주 보기 드물게, 한국과 중국과 일본의 역사책에 다 나오는 위인이에요. 이렇게 동시다발적으로 세 국가에서 언급되는 인물은 드뭅니다. 중국의 경우는《번천문집》에서 기록을 찾을 수 있고요, 우리나라에서는《삼국유사》와《삼국사기》에서 찾을 수 있어요. 일본에서는《입당구법순례행기》라는 문헌에 장보고가 나오죠.

최태성 네, 이것도 시험에 잘 나와요. 하하 😊 엔닌 승려가 쓴 기행문이죠. 당나라에 간 일본의 엔닌 승려가 장보고에게 감사하다는 인사가 담긴 편지글을 남겨 놓았어요. 당시 당나라에서의 장보고 위상을 알 수 있죠. 한번 보고 갈까요?

"아직껏 귀하를 직접 뵈옵지는 못했으나 높으신 이름을 오래 전부터 듣고 있었기에 우러러 존경하는 마음이 더해갑니다. 봄이 한창이어서 이미 따사롭습니다. 바라옵건대 대사의 존체에 만복이 깃들이기를 기원합니다. 저 엔닌은 대사의 어진 덕을 입었기에 삼가 우러러 뵙지 않을 수 없습니다. 저는 오랫동안 품어온 뜻을 이루기 위해 당나라에 왔습니다. 부족한 이 사람은 다행히 대사께서 발원하신 적산원(적산에 있는 법화원을 뜻함.)에 머물러 있을 수 있었던 것에 대해 감사와 기쁨 이외에는 달리 표현해 말씀드리기가 어렵습니다."

—엔닌의《입당구법순례행기》중에서

박정호 저는 장보고가 절대우위론보단 비교우위론에 입각한 무역을 하지 않았을까 생각합니다. 섣부른 예측일 수도 있는데요. 하지만 장보고의 무역이 단순히 이쪽에서 싼 걸 가져가 팔고 비싼 건 저쪽에서 사오는 데에만 그친 것 같진 않단 말이죠. 저쪽에도 있고 이쪽에도 있다 하더라도, 얻을 수 있는 이익이 있다면 물물교환하는 쪽으로 무역을 했던 것 같아요. 안 그랬으면 이렇게 파급효과가 크진 않았을 겁니다. 사실 무역으로 물건을 좀 더 싸게 구입하거나 다양하게 구입할 수 있다는 점은 무역이 가져다 줄 수 있는 이익 중에서 가장 낮은 수준의 이익입니다. 무역이 가져다주는 더 큰 이익은 사회문화나 기술 등의 전파로 인한 파급효과를 양산하는 데에 있어요.

최태성 물건을 사고팔고 하는 행위에서 나라가 무역에서 또 다른 효과를 기대할 수 있다? 예를 들면 어떤 거죠?

박정호 그 근거로 고려청자를 들 수 있죠. 고려의 대표적인 문화예술품인 고려청자를 있게 한 인물이 바로 장보고예요.

최태성 장보고가 살았던 시대는 통일신라였잖아요? 고려청자보다는 시대가 좀 앞선데……

박정호 그래서 말씀드리는 거예요. 장보고가 무역을 했을 때 신라로 가장 빈번히 가져온 물건이 뭐였냐면, '해무리 굽완'이라는 당나라 청자였어요. 그 과정에서 신라의 많은 상인들과 귀족들이 '우리는 이런 거 못 만들어?' 생각하게 된 거죠. 그리고 많은 청자를 실어나르고 하면서 기술 이전 효과가 생겼어요. 청자는 어떻게 만들어야 한

다, 청자는 어떤 형태를 지녀야 한다 등 다양한 정보가 입수됐어요. 최종 결과물인 청자만 배에 실었다고 생각하면 오산이죠. 청자를 만든 당나라 어느 공예가의 기술이 배를 타고 신라에 넘어왔겠죠. 실제로 조선의 백자들은 어디로 넘어갔나요?

최태성 일본이요.

박정호 마찬가지로 이렇게 무역이 일어나면 인적 교류도 일어나게 됩니다. 그래서 통일신라 때 청자를 만드는 다양한 노하우가 장보고의 무역을 통해서 전달되었다고 볼 수 있습니다.

최태성 고려청자의 씨앗을 장보고가 뿌렸다?

박정호 확실한 근거가 여럿 있는데요. 초창기 고려청자의 가마터의 위치가 그 하나예요.

최태성 네, 초창기 고려청자의 가마터가 당진에 있죠. 청해진이 있던 완도 근처 지역이에요.

박정호 맞습니다. 이렇게 장보고는 이미 우리가 무역으로 향유할 수 있는 다양한 이점이나 혜택을 알고 있었다고 볼 수 있어요. 어떻게 보면 한국의 대표적인 무역학자, 국제 경제학자라고 해도 과언이 아니라고 생각합니다.

최태성 그런데 장보고를 자유무역주의자라고 말할 수 있나요?

박정호 네, 전 그렇다고 봐요. 당시 당나라는 실크로드를 통해서 서역과 교류했어요. 바닷길을 통해서는 신라와 일본까지 연결했는데, 장보고는 이 길에서 당나라 물건만 가져다 나른 게 아니었어요. 그는 이슬람 상인들이 가져온 물품을 울산항으로 들여와 신라와 일본으로까지 전파했어요. 실크로드를 개척한 장본인이었죠. 폐쇄적으로 '우리는 어떤 물품만 취급해.', '어떤 거래 방식만 할 거야.', '당나라하고만 무역할거야.' 이런 게 아니고 '아랍 물건 가져와. 없어? 내가 만들어서 팔지 뭐.' 이런 식으로 생각이 전개되었단 거죠. 진짜 말 그대로 자유무역을 몸소 실현하신 분이셨어요. 그렇게 무역을 하다 보니 해적 떼가 창궐해서 해상경찰서 역할을 하는 청해진도 함께 운영하게 된 것이죠.

한중일을 잇는
경제블록을 상상하다

최태성 당시에 자유무역의 형태 말고 <u>경제블록</u>은 없었나요?

박정호 그 개념은 없었습니다.

최태성 다 자유무역이었나요?

박정호 무역 중에는 자유무역이라는 흐름과 경제블록이라는 흐름이 있는데요. 경제블록은 뭐냐면 지리적으로 인접한 국가들이 내부에서 마치 한 국가처럼 자기들끼리 자유무역을 하고, 밖에서는 블록을 쌓아 결속을 다지는 형태를 말합니다. 장보고가 활약하던 통일신라 시대에는 이런 경제블록이 없었어요. 두 국가가 어떠한 조건이나 거리낌 없이 자유롭게 교역하는 편이었죠.

역사적으로 무역 발전에 가장 많은 기여를 했던 때가 언제였냐면, 지금 우리나라의 영어 국명이 'KOREA'이듯, 고려 시대였어요. 왜 고려였을까요? 무역이 일어나려면 나 혼자 해서 되는 게 아니거든요. 상대국이나 사업 파트너가 무역을 할 수 있는 상황과 환경이 구축되어야 하지요. 고려 시대 때 중국 대륙을 차지한 게 어느 왕조였죠? 칭기즈칸이 세운 원나라(몽골)였습니다. 원나라는 인류 역사상 가장 거대한 제국을 건설했어요. 다른 말로 하자면 원활한 상거래를 할 수 있는 최대한의 영토가 구성됐다는 거예요.

최태성 이 시기에 안정된 교역이 가능해졌다는 말씀이군요.

박정호 맞습니다. 한 국가가 한 영토를 통치하니까요. 그러다 보니까 원나라 때 고려가 가장 원활하게 해외에 알려질 수 있었고, 그래서 고려를 발음한 KOREA가 한국을 대표하는 이름이 된 거예요. 장

경제블록이란?

국제 경제의 개방화 추세와 더불어 공간적 접근이 쉽고 상호 이익을 추구할 수 있는 인접국끼리 자국의 경제적 이익을 위한 국제 기구를 만들어 공동 보조를 취하는 경제 공동체를 두고 경제블록이라고 한다. 유럽 연합(EU), 북아메리카 자유 무역 협정(NAFTA), 아시아·태평양 경제 협력체(APEC), 동남 아시아 국가 연합(ASEAN) 등이 경제 결속을 위한 대표적인 경제 협력 기구이다.

보고가 살았던 통일신라 시대에 중국 대륙을 다스린 당나라가 지금과 유사한 형태의 통일 국가여서 무역에 유리한 환경에 놓여 있었다고 할 수 있어요. 하지만 해적 등의 방해로 끊어질 수 있었던 인접 국가와의 교역을 현명하게 이어감으로써 장보고는 동북아시아의 진정한 무역 왕이자 해운업의 왕으로 우뚝 섰다, 이렇게 말할 수 있습니다.

최태성 유럽은 대공황 때 유로라는 화폐로 통일하면서 유럽연합(EU)이라는 경제블록을 만들었고, 캐나다, 미국, 멕시코는 나프타(NAFTA)라는 경제블록을 만들었잖아요. 멕시코의 값싼 노동력과 캐나다의 풍부한 지하자원, 미국의 기술력을 합쳐서 경제를 활성화시켜보자 해서 만들어졌다고 알고 있어요. 근래에는 아세안(ASEAN)이라는 동남아시아 국가 연합도 생겨났는데, 왜 한국과 중국, 일본을 포함하는 동북아시아 지역엔 경제블록이 없나요?

박정호 네, 그 부분에 대해 많은 경제학자들이 의문을 가지십니다. 최 선생님뿐 아니라 국제회의나 콘퍼런스 때 저희 연구원에 외국 학자들이 오면, 그분들이 만찬 때 하시는 말씀이 왜 한중일 이 삼국은 경제 규모도 어마어마하고 인구도 많은데 왜 경제블록이 없느냐고 질문하세요.

최태성 왜 없나요?

박정호 여러 가지 이유가 있죠.

최태성 역사 문제가 해결이 안 돼서일까요?

박정호 그것도 원인 중 하나라고 봅니다. 그런데 유럽도 인접한 국가

끼리 얼마나 치고받고 많이 했습니까? 독일과 프랑스가 대표적이지요. 그런데 유럽은 워낙 빈번하게 육지에서도 상호 교류를 하다 보니까 오랜 시행착오 끝에 같이 결속하는 게 이득이란 걸 체득했다고 학자들은 말합니다. 그런데 한중일은 아직까지 그 정도 성찰까지 올라가지 못했다고 말하기도 하죠.

최태성 그런 관점에서 장보고는 더욱 대단한 인물이네요. 한중일을 하나로 엮는 걸 너무나 힘들어하는 상황인데, 장보고는 이미 그 삼국을 연결해주는 해상왕 역할을 했으니 말이죠. 어떻게 보면 자유무역을 기반으로 경제블록 형성을 주도할 수도 있었던 인물이네요.

박정호 한 가지 더 말씀드리면, 유럽연합 본부가 어디에 있느냐 하면 벨기에에 있어요. 유럽연합 국가 중 정치적으로 헤게모니를 잡고 싶은 나라가 얼마나 많았겠습니까. 독일, 프랑스 이런 나라들이 본부를 자국에 놓겠다고 목소리를 높였죠. 그런데 이건 절대 타협이 되지 않는 문제였어요. 모두가 합의할 수 있는 방법이 뭐였을까요? 중립국에 본부를 세우면 문제가 없어지겠죠. 그래서 유럽연합 본부가 벨기에에 있습니다.

한중일 삼국이 경제블록을 하는 것에 대해서 반드시 좋다고만 얘기할 수도 없어요. 우려하시는 분들도 많죠. 소위 우리가 중국과 일본 사이에 껴서 이도저도 안 되는 게 아니냐고 비판하는 목소리도 많아요. 하지만 경제블록은 일종의 제도예요. 제도는 그것을 어떻게 활용하고 이용하느냐에 따라서 얼마든지 우리에게 더 큰 이득을 가져다 줄 수도 있고 손해를 줄 수도 있죠. 그래서 무역에 관한 환경을 구축하는 방향으로 생각해야지, 무조건 손해다, 무조건 이득이다, 이렇게 단정할 문젠 아니라고 봐요.

제3자인 해외 국가에서 보기엔 '한중일 애네도 같이 할 게 많을 것 같은데?' 하는 인식도 분명 있습니다. 우리나라는 일본과 중국 사이에서 참 많은 것들을 누릴 수 있는 지정학적 위치, 경제적 입지를 가졌다고 생각하거든요.

최태성 우리가 장보고 정신을 배워야겠네요.

박정호 우리나라는 대외의존도가 높은 국가거든요.

최태성 수출을 통해서 먹고살아야 하는 나라니까요.

박정호 네, 그리고 해운업은 국방과도 연관이 커요. 전시 상황에는 군 수물자를 나르는 경로로 바뀌니까요. 해운이라는 것은 국가의 기간산업이자 수출의 교두보가 되고 국방에도 중요한 역할을 합니다. 이의 중요성을 몸소 실천하면서 해법까지 제시한 분이 바로 장보고이지요. 한국 경제가 지속적으로 발전하려면 또 한 명의 장보고가 필요하지 않을까 생각합니다.

최태성 그동안 저는 역사를 가르치는 입장에서만 장보고를 봐왔는데요. 한중일 삼국을 잇는 자유무역의 토대를 구축해냈던 경제인으로서의 장보고는 새로운 접근이었습니다. 큰 가르침을 주셨습니다. 다음 시간에도 기대하겠습니다. 감사합니다.

10
단군,
경제학의
시초가 되다

고조선의 건국신화 '단군 신화'에 관한 기록

"옛날 환인(桓因)의 서자로 환웅(桓雄)이라는 이가 있어

자주 천하를 차지할 뜻을 두고 사람이 사는 세상을 탐내어 구하였다.

그 아버지가 아들의 뜻을 알아차려 삼위태백산(三危太伯山)을 내려다보니

인간들을 널리 이롭게 해줄 만하였다. 이에 환인은 천부인(天符印) 세 개를

환웅에게 주어 인간세계를 다스리도록 하였다.

환웅은 무리 3,000명을 거느리고 태백산(太伯山 : 지금의 묘향산) 마루턱에 있는

신단수(神壇樹) 밑에 내려왔다. 이곳을 신시(神市)라 한다.

그리고 이분을 환웅천왕(桓雄天王)이라고 불렀다. 그는 풍백(風伯)·우사(雨師)·운사(雲師)를

거느리고 곡식·수명·질병·형벌·선악 등과 모든 인간의 360여 가지 일을 주관하며

세상을 다스리고 교화하였다.

이때 범 한 마리와 곰 한 마리가 같은 굴속에서 살면서 항상 신웅(神雄),

즉 환웅에게 빌면서 사람이 되기를 원하였다. 이에 신웅(환웅)은 신령스러운 쑥 한 줌과

마늘 20개를 주면서 이르기를 "너희들이 이것을 먹고

100일 동안 일광(日光)을 보지 않으면 곧 사람이 될 것이다."라고 하였다.

곰과 범이 이것을 받아 먹고 3·7일(21일) 동안을 기(忌)하니 곰은 여자의 몸으로 변하였으나,

범은 기를 잘못하여 사람의 몸으로 변하지 못하였다. 웅녀(熊女)는 혼인해서

같이 살 사람이 없으므로 날마다 신단수 밑에서 아기의 임태를 축원하였다.

환웅이 잠시 거짓 변하여 그와 혼인하였더니 이내 임태하여 아들을 낳았다.

그 아기의 이름을 단군왕검(檀君王儉)이라 한 것이다.

단군왕검은 요(堯)가 즉위한 지 50년인 경인년에

평양성(고려 때의 西京)에 도읍하여 비로소 조선(朝鮮)이라 불렀다.

또, 도읍을 백악산 아사달(白岳山阿斯達)로 옮기니 궁홀산(弓忽山, 일명 方忽山)이라고도

하고 금미달(今彌達)이라고도 한다. 그는 1,500년 동안 여기에서 나라를 다스렸다.

주(周)나라 호왕(虎王 : 무왕武王을 말함)이 즉위한 기묘년에 기자(箕子)를 조선에 봉하였다.

이에 단군은 장당경(藏唐京)으로 옮겼다가 뒤에 돌아와서 아사달에 숨어 산신이 되니

그 때 나이 1,908세였다고 한다."

—《삼국유사》 기이(紀異) 제1편

마지막 강의를 장식할 한국사에 숨겨진 경제학자는 단군왕검입니다. 단군이 실제로 존재하는 인물인지 아닌지에 대한 논란이 있지만, 사실 **단군은 인명이 아닌 '제사장'이라는 역할을 의미하는 직함입니다.** 이걸 단순히 신화 속 허구로만 치부하기엔 각국의 건국신화가 가지는 공통점이 있습니다. 특히 **경제와 관련된 신이 항상 나온다는 것,** 알고 계셨나요? 오늘은 단군을 비롯한 다양한 나라의 건국신화를 살펴보면서 **신화 속에 숨은 경제 이야기를 풀어가 보려고 합니다.** 자, 그럼 '한국사 속의 숨은 경제학자들'의 마지막 이야기를 시작해보겠습니다.

박정호 단군신화를 설명하기 전에, 신화에 관한 전반적인 이야기를 해야겠지요. 신화학자들은 신화에 두 가지 기능이 있다고 합니다. 망원경 기능과 현미경 기능이 그것이지요. 망원경은 멀리 하늘과 우주, 세계를 바라보는 데 쓰는 도구인데, 신화가 망원경 기능을 한다는 건 당대의 우주관이나 세계관을 바라보는 하나의 도구일 수 있다는 거예요. 당시 사람들이 세상을 어떻게 바라보았는지, 자연과 지배계층, 피지배계층의 상관관계를 어떤 식으로 설정해서 이해했는지를 알아볼 수 있는 유효한 도구이자 학습수단이라는 거죠.

그리고 현미경 기능은 뭐냐. 현미경은 세세한 것을 아주 자세히 들여다볼 때 쓰이잖아요? 당시 삶의 현장과 모습을 엿볼 수 있는 힌트가 신화 속에 있다는 얘기예요. 예를 들어, 단군신화에 등장하는 곰이나 호랑이를 당시 주변을 아우르는 정치 세력의 상징으로 바라볼 수도 있겠죠. 또 당시 생활에 중요한 요소가 경제 문제였다는 걸 단군신화를 통해 발견할 수 있어요. 환웅이 한반도에 내려올 때 혼자 온 게 아니죠. 누구랑 왔습니까?

최태성 풍백, 우사, 운사를 거느리고 오셨죠.

박정호 맞습니다. 그럼 풍백은 뭘 하는 신인가요?

최태성 바람을 주관하는 신이죠.

박정호 그럼 우사와 운사는요?

최태성 비와 구름을 주관하는 신들이죠.

박정호 날씨를 관장하는 신들이 환웅과 같이 왔다는 건 어떤 의미일까요? 날씨는 무엇에 가장 지대한 영향을 미치죠?

최태성 농사요. 청동기 시대에 벼농사가 시작되었죠.

박정호 맞습니다. 생활의 가장 안정적인 기반인 농사가 풍작일지 흉작일지는 날씨에 지대한 영향을 받는데, 날씨를 관장하는 힘이 지배 계층에 있다는 것을 상징하는 겁니다. 경제력에 도움을 줄 수 있는 힘을 지배 계층이 갖고 있다고 신화를 통해 공고히 한 것이죠.

최태성 단군신화 이야기 속에 농업의 요소가 등장했고, 그 요소를 활성화시킬 수 있는 수단을 지배층이 활용함으로써 신화가 탄생할 수 있었다는 말씀이네요.

박정호 맞습니다. 초창기 리더십은 신분제가 완전히 타파되지 않았을 때 유발된 거예요. 지도자가 원래 타고나기를 우리와 다른 사람이라고 하면 신분제를 유지하기 수월해지겠죠.

최태성 한민족을 그래서 천손족(天孫族, 하늘의 정통 자손), 선민사상(選民思想, 신에게 선택받은 민족이라는 이데올로기)라고 부르기도 합니다.

박정호 맞습니다. 그런데 하늘에서 내려왔다는 추상적인 내용으로는 백성들에게 공감대나 협조를 얻기 어렵잖아요. 이런 하늘에서 온 사람이 내 생활에 정말 도움을 줄 수 있는 사람이라는 메시지를 넣어야 하는 거죠.

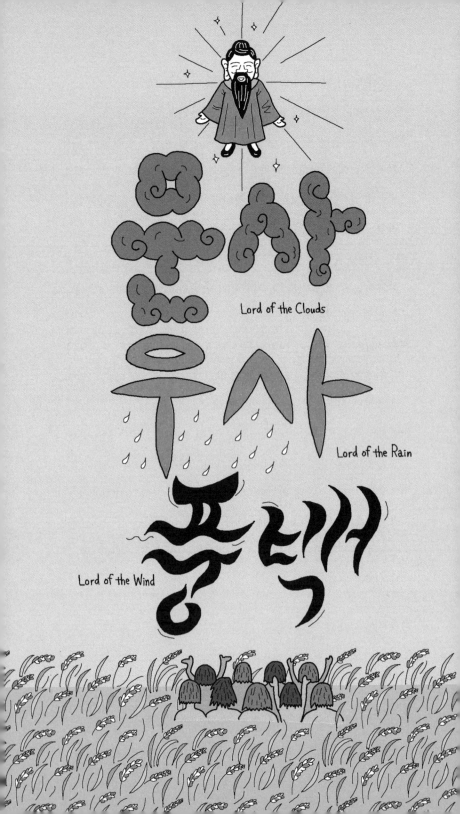

Lord of the Clouds

Lord of the Rain

Lord of the Wind

다른 나라 신화 속에도
경제의 신이 있을까?

박정호 우리가 단군신화에 경제를 억지로 끌고왔다고 오해하시는 분들도 있을 것 같아서요. 설득력을 높이기 위해서는 다른 나라 건국신화에서도 초창기에 지배 계층이 피지배 계층을 선동하기 위해 경제적인 요소를 중요시했는지를 살펴볼 필요가 있습니다.

최태성 우리와 가장 가까운 중국의 건국신화는 어떤가요?

박정호 중국의 건국신화에 나오는 고대의 전설적인 제왕을 삼황오제(三皇伍帝)라고 합니다. 일반적으로 삼황은 복희씨(伏羲氏), 신농씨(神農氏), 여와씨(女媧氏)를 말하는데요. 여와씨 대신에 수인씨(燧人氏)나 축융씨(祝融氏)라는 이름으로 기록된 경우도 있어요. 복희씨는 사람들에게 물고기 잡는 법을 전수해줬고, 신농씨는 쟁기를 발명해 농사짓는 법을 전수해줬고, 여와씨는 인간을 만들었다고 전해지죠. 즉, 중국의 건국신화에도 농사와 어업 등의 경제 문제를 해결해줄 수 있는 제왕들이 등장한다는 거죠.

최태성 단군신화의 풍백, 운사, 우사와 비슷하네요.

박정호 똑같아요. '내가 군사를 데려왔으니 무조건 날 따라야 해.' 하는 강압적인 느낌이 아니라 '내가 너희를 위해서 온 거야.' 하는 설정이에요. 이런 먹고사는 문제를 해결해줄 수 있는 사람이 나라는 메시지를 건국신화에 담은 것입니다.

최태성 먹고사는 경제 문제에 대한 비전을 제시하고 있다는 점에서 공통점이 있네요.

박정호 맞습니다. 오늘날에도 정치인들이 선거에 나올 때 공약을 보면 먹고사는 문제를 해결해주는 비전을 많이 넣어요. 어떤 것까지를 경제 정책으로 보느냐 이걸 분류하는 기준에 따른 차이는 있을 수 있겠습니다만, 통상적으로 70% 이상은 경제와 관련된 내용이라고 보면 됩니다.

최태성 그러면 일본의 건국신화는 어떤가요?

박정호 일본의 건국신화에는 '아마테라스 오미카미'라는 태양신이 나옵니다. 아마테라스는 인간에게 벼를 가져다주고 농사짓는 법을 가르쳐줬다고 해요.

최태성 역시 또 먹고살 수 있는 방법을 알려준 거군요.

박정호 그 신의 후손이 일본을 건국한 지배 세력이라는 점도 우리 단군신화와 맥을 같이하죠. 그런데 이렇게 얘기하면 동북아시아 국가들이 같은 한자문화권이라 건국신화도 유사한 것 아니냐고 비판하실 수 있는데, 이집트의 건국신화도 똑같아요. 이집트 건국신화에는 여러 명의 신이 등장합니다. 그중 가장 최고의 신으로 추앙받는 신은 '오시리스'입니다. 농사를 짓고 나면 작물이 죽고 다음 해에 다시 새싹이 돋아나지요. 오시리스는 그런 자연현상을 관장하는 신입니다.

최태성 생명을 부여한 건가요?

박정호 농사를 매년 다시 짓는 경이로움을 선사했죠. 농사를 지어 얻은 산출물은 먹고, 작물은 다 죽었어요. 그런데 다시 새싹이 자라면서 또 식량이 나온단 말이에요. '이게 어떻게 된 거지?' 했겠죠. 그렇게 먹고사는 문제를 관장했던 기적을 일으킨 신이 오시리스입니다. 그래서 최상의 신이라고 보는 겁니다.

그리고 오시리스가 여동생인 이시스와 결혼한 후에 그녀에게 곡식을 빻아서 식재료로 만들거나 삼이나 칡 등의 작물로 옷감을 만드는 기술들을 가르쳐줍니다.

최태성 아까 중국의 건국신화에 나온 신들이 이집트 건국신화에도 그대로 나오고 있네요. 혹시 당시 정상회담을 개최한 건 아닌지? 하하

박정호 그 생각을 못했네요. 하하

최태성 아니 이게 어떻게 다 일맥상통하죠? 정말 신기하네요. 이렇게 신화 속에 경제 원리라고 할 수 있는 것들이 이렇게 자연스럽게 녹아 들어가 있다는 것. 국가의 출발 단계에서부터 이런 이야기가 나온다는 건 경제가 우리의 삶과 전혀 동떨어진 게 아니라는 사실을 보여주는 것 같아요.

박정호 정말 중요한 이야기를 해주셨어요. 경제는 우리 삶이 시작된 그 순간부터 우리 곁에 있었고요. 그것을 어떻게 잘 해결해왔고, 얼마나 중요시했나를 이런 신화를 통해서 확인할 수 있어요. 그래서 전 경제 이론들이 '발명'된 것이 아니라 '발견'된 것에 가깝다고 생각합니다.

지금까지 10회에 걸쳐 역사 속 인물들을 살펴보면서, 그의 치적이 경제학적으로 어떤 의미가 있고, 그가 현대에 어떤 조언을 해주었을지 여러 가지 이야기를 나눠봤는데요. 혹여나 그것들 중에서 불

완전하거나 미흡한 부분이 있다면 그건 철저히 제 공부가 부족하기 때문입니다. 그런데 이 말씀은 드리고 싶어요. 우리가 한국사를 세계사에 비해 오늘날과 연결 짓기 위한 시도들을 얼마나 해왔는가에 대한 반성이 필요하다고 말예요. 그래서 이번에 저희가 펼친 이야기가 많은 사람들에게 한국사에 대한 관점을 구체화시키고 완성하기 위한 시발점을 여는 계기가 되었으면 좋겠다고 생각했습니다.

최태성 저도 똑같이 그런 생각을 했어요. 이번 프로젝트는 출발이다! 우리나라 역사 교육이 지나치게 정치 쪽으로만 치우쳐 있어요. 정치는 기본적으로 권력 투쟁이니까 조상들의 좋지 않은 모습들이 많이 나오게 되잖아요. 그런데 경제라는 측면에서 바라보니 우리 역사 속에 경제학자라고 할 만한 모습을 지닌 분들이 많이 계시다는 걸 알게 되었습니다. 역사를 바라보는 지평을 넓히고, 보다 따듯한 관점에서 우리 역사에 접근할 수 있겠구나 생각했습니다. 이것이 일회성으로 소비되고 끝나는 게 아니라, 바람이 있다면 이런 분야도 당당히 하나의 학문으로서 자리매김해서 지속적으로 연구되었으면 좋겠다는 생각이 들었습니다.

박정호 어떤 이론이 단순한 '설(說)'이 아니라 '정설(定說)'이 되고 확고한 이론이 되기 위해서는 한 명의 연구자의 주장으로 끝나서는 안 돼요. 그것을 누군가 계승해서 끊임없이 잘못된 부분을 고치고, 발전시키고 공고히했을 때 이론이 되고, 책으로 저술되는 것이거든요. 선생님께서는 현장에서 청소년들을 가르치시잖아요. 제자 분들 중에 선생님의 뜻을 이어받아 역사 속의 경제 문제에 관심을 두는 친구들이 많이 나왔으면 하는 바람입니다.

최태성 시작은 미미했으나 나중은 창대하리라. 꼭 그렇게 됐으면 좋겠습니다. 이번 시간은 단군신화 속에 숨겨진 경제라는 주제로 이야기를 나눠보았는데요. 단군이 현대로 온다면 우리 사회의 어떤 부분을 문제점으로 진단하고 어떤 개선책을 내놓았을까요?

박정호 지금 우리나라의 가장 큰 당면 과제 중 하나가 신(新)성장 동력의 부족입니다. 우리나라가 한동안은 자동차, 조선, 철강 산업으로 큰 성장을 이루었거든요. 최근에는 IT 산업이 우리의 큰 경제 주축이었고요. 기존 산업들도 계속 잘 유지되어야 하겠지만 우리가 한 단계 더 뛰어넘는 성장을 하려면 새로운 산업 분야에 대한 비전이 제시되어야 해요.

단군은 피지배계층에게 가장 중요한 산업인 농업을 가르쳐주면서 백성들을 규합하고, 나라를 이끌어갔잖아요. 그런 것처럼 단군이 21세기에 온다면, 제2의 삼성전자, 제2의 현대자동차, 제2의 포스코 같은 또 다른 커다란 산업을 일굴 수 있는 풍백, 운사, 우사라는 신들을 동반하고 오지 않을까요.

최태성 성장을 할 수 있는 새로운 동력과 그것을 찾기 위한 방법을 제시할 단군은 과연 언제 다시 오실까요?

박정호 곧 오시겠죠. 하하

최태성 단군의 철학 중에 '널리 이롭게 하라'는 '홍익인간(弘益人間)'이 있잖아요. 우리가 쉽게 하는 이야기지만 이번에 경제를 공부하면

서 널리 인간을 이롭게 하라는 그 말 자체가 결국엔 경제학의 정의
이자 가치가 아닐까 하는 생각이 듭니다.

박정호 정확한 말씀입니다. 경제학에서 떠받드는 명언이 하나 있습니
다. "냉철한 이성과 따뜻한 감성으로 경제 정책을 만들고, 경제를
바라봐야 한다." 이것도 애민 정신이자 홍익인간 정신일 수 있겠네
요. 경제는 돈에 관한 이야기일 수도 있고 이해타산적인 이야기일
수도 있는데, 그 속에서도 인간을 놓으면 안 된다고 말하는 대(大)
경제학자들이 많이 있습니다.

최태성 단군의 이야기를 통해서 이제까지 모든 이야기를 정리할 수 있
지 않을까 합니다. 우리 삶이 곧 경제고, 또 그 삶 속에서 인간을 놓
치지 않고 널리 인간을 이롭게 하는 것, 바로 그것이 건강한 경제
활동이다. 이제 정리가 되는 것 같습니다. 지금까지 역사 속의 경
제를 끌어내주시느라 정말 고생하셨고, 감사했습니다.

박정호 경제에는 나의 삶과 국가를 풍요롭게 할 수 있는 주요한 방법과
도구, 개념 등이 담겨 있습니다. 저희의 시도가 많은 분들에게 재
밌고 유쾌하게 경제와 우리 역사에 관심을 가지게 되는 기회가 되
었길 바랍니다. 감사합니다.

역사를 배우는 새로운 방법

모든 학문이나 법칙은 무(無)에서 창조되는 것이 아니라 현재 겪고 있는 문제를 해결하거나 과거의 상황이나 사건을 설명하기 위해 발견된 것이다.

미국 발 경제위기와 유럽 재정위기 이후 기존 경제학에 대한 반성의 목소리가 나오던 시기였던 2013년 하반기, 〈위기의 경제학자들〉이라는 프로그램을 제작했었다. 경제학자가 과거 어떤 환경에서 살았고 어떻게 해당 이론을 정립하게 되었는지 그들의 삶을 중심으로 접근하는 경제 교육 프로그램이었다. 이 프로그램을 제작하며 남은건 놀랍게도 세세한 경제학 이론이 아닌 세계사였다. 학문이나 법칙이 결국 그 시대의 문제와 상황을 담고 있기 때문에 경제학을 공부하다 보니 세계사가 경제적 관점에서 정리가 되었다.

경제적 관점에서 우리 역사 돌아보기

경제학을 통해 세계사를 자연스럽게 공부한 것처럼 경제학적 관점에서 우리의 역사를 살펴보면 어떨까라는 생각했다. 그렇게 시작된 것이 〈한국사에 숨겨진 경제학자들〉이란 프로그램이다. 처음 프로그램을 기획할 때는 우리나라 역사 속 인물 중에 경제학자가 있을까를 먼저 생각했다. 그래서 몇몇 경제학 박사님들께 한국사의 위인 중에 경제학자라고 칭할 만한 분이 없겠느냐고 여쭤봤다. 그분들 입장에서는 그런 질문조차 황당하다는 반응이었다. 물론 돌아온 답변은 단호하게도 없다는 것이었다. 그래서 나름의 오기를 발휘해 두 분의 출연자 분들과 제작진과 함께 거듭 고민하고 수정해 우리 역사 속의 위인들을 경제학적 관점으로 재해석해보기로 했다.

역사를 잊은 민족에겐 미래가 없다

최근 역사의 중요성과 함께 다양한 이야기들이 나오고 있다. 하지만 역사를 배우는 방법적인 면에서는 대부분 정치적 관점에서 역사를 바라보는 방식에 치우쳐 있는 것 같다. 물론 어떠한 방식으로든 역사는 잘 알아야 한다고 생각한다. 하지만 반대로 누구나 쉽게 역사를 공부할 수 있도록 다양한 방법이 나와야 하는 것은 아닐까?

우리는 경제학적 관점에서 역사적 인물들을 살펴보았다. 만약 경제학에 관심이 있다면 이 책을 통해 경제학에 관한 지식을 얻으면서 역사 지식에도 접근할 수 있을 것이다. 이처럼 음악에 관심이 있는 사람은 음악적 관점에서, 미술에 관심이 있는 사람이라면 미술적 관점에서, 그리고 사회에 관심이 있는 사람이라면 사회학적 관점에서 등 다양한 관점에서 역사가 재조명되었으면 하는 바람이다.

우리의 역사를 가장 따뜻하게 바라볼 수 있는 사람은 바로 우리이다. 이 책을 접한 누군가 이러한 바람을 꼭 이뤄주었으면 한다.

Thanks To.

먼저 이 프로그램을 책으로 엮을 수 있도록 도와준 탐 출판사와 편집자 황여진 님께 감사의 인사를 드린다. 그리고 엉뚱한 생각으로 끝날 수 있었던 기획을 잘 정리해준 이한나 작가, 최태성 선생님, 박정호 연구원께도 감사드린다. 이 프로그램을 함께 제작한 촬영감독 정현수·원영각·김재성, 그래픽을 제작해준 권순경·조현주·윤세인, 조연출 김시은, 홍보의 윤정탁·이연정·박홍남, 그리고 우리 연합인포맥스 방송 본부 배상훈 부장 외 팀원들께도 감사 드린다. 마지막으로 사랑하는 우리 가족. 이나윤, 김주안에게도 감사의 인사를 전하고 싶다.

연합인포맥스 프로듀서 김영운

우리 선조들 사이에서 경제학자를 찾는 것은 어렵지 않은 일이었습니다.

하지만 진작 빛을 발해야 했던 그들의 지혜가

서양의 경제학자들에게 묻힌 것 같아 안타까웠습니다.

그런 안타까움에서 시작된 프로그램이 이렇게 출판으로 이어져

감사하면서도 다행이라고 생각합니다.

함께 한 최태성 선생님, 박정호 연구원님, 그리고 김영운 PD에게

고마움을 전하고 싶습니다.

그리고 책 속의 위대한 경제학자들과

책에서 미처 전하지 못한 우리 선조들과 기쁨을 함께 나누고 싶습니다.

방송작가 이한나

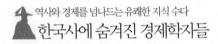

역사와 경제를 넘나드는 유쾌한 지식 수다
한국사에 숨겨진 경제학자들

초판 1쇄 2016년 9월 23일
초판 3쇄 2017년 12월 20일

지은이 최태성, 박정호

책임편집 황여진
마케팅 강백산, 김가연, 강지연
디자인·일러스트 신병근
기획 기획재정부, 연합인포맥스

펴낸이 이재일
펴낸곳 토토북
주소 04034 서울시 마포구 양화로11길 18 3층 (서교동, 원오빌딩)
전화 02-332-6255 | 팩스 02-332-6286
홈페이지 www.totobook.com | 전자우편 totobooks@hanmail.net
출판등록 2002년 5월 30일 제10-2394호
ISBN 978-89-6496-314-2 43300

• 이 책의 사용 연령은 14세 이상입니다.
• 탐은 토토북의 청소년 출판 전문 브랜드입니다.